HISTOIRE ANCIENNE

ÉLÉMENTAIRE.

HISTOIRE ANCIENNE

ÉLÉMENTAIRE.

PARIS. — IMPRIMERIE DE DONDEY-DUPRÉ,

Rue Saint-Louis, 46, au Marais.

HISTOIRE ANCIENNE ÉLÉMENTAIRE,

ACCOMPAGNÉE DE TABLEAUX CHRONOLOGIQUES DISPOSÉS POUR L'ÉTUDE,

PAR Mme L. DE SAINT-OUEN,

Auteur de l'Abrégé d'Histoire de France couronné par la Société pour l'Instruction élémentaire, et approuvé par l'Université, etc.

OUVRAGE ADOPTÉ

Par le Conseil royal de l'Instruction publique.

HUITIÈME ÉDITION.

PARIS,

A LA LIBRAIRIE CLASSIQUE
DE MADAME VEUVE MAIRE-NYON,
Quai Conti, 13;

ET CHEZ HACHETTE, LIBRAIRE,
Rue Pierre-Sarrasin, 12.

1844

Tout exemplaire non revêtu des griffes ou signatures de l'auteur et de l'éditeur sera réputé contrefait.

A. Sorin

Vve Maire-Nyon

PRÉFACE.

Pour qu'une étude élémentaire devienne profitable, il faut qu'elle soit présentée d'une manière claire, distincte et facile à saisir. C'est ce qu'oublient quelquefois des hommes instruits qui travaillent pour l'enfance sans connaître les enfans et la portée de leur intelligence. A cet âge, on n'apprend bien, on ne retient facilement que ce qu'on a compris sans peine. *Être compris* est donc la première condition de tout ouvrage dont le but est d'instruire la jeunesse. *Classer les idées* est le plus sûr moyen de les fixer dans la mémoire, où elles restent alors sans confusion. Ainsi on doit chercher surtout à simplifier, à éclaircir tout ce qu'il peut y avoir d'obscur et de confus dans les diverses branches des premières études, et particulièrement dans celle de l'histoire.

Des classifications simples, exactes, et présentant dans un ordre régulier l'enchaînement des faits, doivent atteindre en cela le but qu'on se propose : tel sera, je l'espère, le résultat des tableaux chronologiques que j'ai joints à cet ouvrage.

Au moyen de ces tableaux, qui présentent les grandes époques de chaque histoire, un enfant parviendra sans peine à embrasser à la fois, et sans les confondre, une foule d'événemens essentiels à connaître; il pourra en même temps comparer plusieurs empires, depuis leur origine jusqu'à leur destruction.

Ces classemens méthodiques une fois imprimés dans la mémoire, les développemens qui viendront à la suite s'y fixeront plus facilement et pour toujours. Ces tableaux, qui d'abord serviront de préparation à l'étude, en offriront ensuite une prompte et facile récapitulation.

La chronologie et la géographie sont inséparables de l'histoire : on doit savoir *où* et *quand* tel événement s'est passé, sans cela tout est confusion dans les études historiques. De courtes notions géographiques aideront l'élève à répondre à la première de ces questions. Au moyen de la date qui accompagne chaque événement, et de la division *par siècle* qui se trouve sur chaque tableau, il pourra facilement encore répondre à la seconde.

La carte placée en tête de ce volume, quoique peu étendue, pourra servir à indiquer la position des différens états mentionnés dans cet ouvrage, tant pour l'histoire des anciens peuples que pour celle de la Grèce.

La chronologie de l'histoire ancienne présente des difficultés : différens systèmes se contredisent ou sont incomplets. J'ai suivi pour cet ouvrage l'*Art de véri-*

fier les dates, cet ordre chronologique étant le plus généralement adopté aujourd'hui. Ainsi la naissance de Jésus-Christ est fixée à l'an du monde 4963, et non à l'an 4004, selon le système d'*Ussérius* *.

Le but d'une étude élémentaire bien dirigée doit être surtout de disposer l'esprit à acquérir plus tard des connaissances plus étendues ; c'est une esquisse qui doit être exacte, afin qu'un peintre habile puisse avec avantage l'orner un jour d'un brillant coloris. On ne saurait donc apporter trop de soin dans les compositions destinées à l'enfance, en songeant aux résultats qu'elles doivent avoir par la suite. Tant d'études d'ailleurs sont indispensables à cet âge, qu'il faut chercher tout à la fois à alléger le travail du moment et à le rendre profitable pour l'avenir. Tel a été mon but ; puissé-je l'avoir atteint !

L'approbation que *le Conseil royal de l'Instruction*

---

* *Explication à donner à l'élève relativement à la chronologie.*

Avant de commencer l'étude de l'histoire ancienne, il sera indispensable de donner à un élève l'explication suivante :

La chronologie, ou ordre des dates, est présentée ici d'une manière différente que dans l'histoire moderne. Nous comptons aujourd'hui les années *après* Jésus-Christ. — Dans l'histoire ancienne, on compte les années *avant* Jésus-Christ. Ainsi, à mesure que l'on avance, le chiffre *décroît*, c'est-à-dire que l'on compte les années en *diminuant* au lieu de les compter en *augmentant*. Exemple : La première année du monde est l'an 4963. — La seconde 4962, ainsi de suite.

publique a daigné accorder à cet ouvrage est devenu pour moi un puissant encouragement. Afin de rendre ce petit livre plus digne d'un si honorable suffrage, j'ai revu avec soin cette dernière édition, et j'ai tenté de nouveaux efforts pour y ajouter quelques améliorations qui m'ont paru nécessaires. J'ai donné d'abord des explications plus détaillées sur la méthode que j'ai suivie afin d'en faciliter l'usage : des exercices ou questions ont été placés de distance en distance, et auront pour l'étude un avantage réel, en retraçant à l'élève la leçon déjà apprise pour l'apprendre mieux encore, et en donnant au maître un moyen prompt et facile de s'assurer que ces mêmes leçons ont été comprises et retenues. En un mot, j'ai cherché à rendre ce nouvel ouvrage plus commode, en quelque sorte, et dès lors plus généralement utile. Je serais doublement heureuse d'y avoir réussi, persuadée que je ne saurais mieux prouver ma reconnaissance au Conseil royal, qui m'a honorée de son suffrage, qu'en cherchant à mettre à la portée de tous les connaissances réservées jusqu'ici au plus petit nombre.

INTRODUCTION.

TEMPS PRIMITIFS,

Depuis l'an 4963 avant J.-C. (1re année du monde) jusqu'en 2907.

L'histoire ancienne proprement dite commence avec le monde, mais la connaissance de ces temps appelés *primitifs* appartient à l'histoire sainte *, et c'est là que nous devons l'étudier. Nous nous bornerons ici à en indiquer les principales époques jusqu'à la formation des empires.

L'an 4963 av. J.-C. — Création du monde. — Adam, Ève.
3308 — Déluge universel. — Noé et ses trois fils.
2907 — Dispersion des hommes. — Formation des empires.

Nous voyons dans l'histoire sacrée que vers l'an 2907 avant J.-C., quatre cents ans environ après le déluge, les hommes, divisés en trois races issues des trois fils de Noé, se dispersèrent dans le monde, et formèrent divers établissemens en Asie, en Afrique et en Europe.

De nombreuses *tribus*, ou familles, en se réunissant, formèrent insensiblement des peuples. Ces peuples, d'abord sauvages, adoptèrent successivement des lois, un culte, et choisirent des chefs pour les diriger. Ces chefs enfin, souvent ambitieux, cherchèrent à conser-

* *L'Histoire sainte*, ouvrage posthume de madame de Saint-Ouen.

ver un pouvoir que leur avait accordé ou la confiance ou les besoins des peuples; de là sans doute la formation des premiers empires, dont les historiens fixent l'époque à celle de la *dispersion des hommes*, vers l'an 2907 avant J.-C. C'est là que commence l'histoire des anciens peuples; mais pendant plusieurs siècles encore elle est enveloppée pour nous d'épaisses ténèbres. Ce n'est que vers l'an 2500 que nous commençons à apercevoir de loin en loin quelques faits isolés qui méritent d'être recueillis, quoique souvent incertains. L'histoire n'acquiert un véritable intérêt qu'au temps où les Grecs paraissent et brillent sur la scène du monde. Pour arriver plus promptement à cette belle période (la seule digne de toute notre attention), nous allons parcourir avec rapidité les annales obscures des premiers empires; nous efforçant, parmi tant d'incertitudes, de donner une idée juste de tout ce qu'il est important de connaître.

Nous diviserons l'histoire ancienne en deux parties principales, savoir :

Première partie. — HISTOIRE DES ANCIENS PEUPLES.

Deuxième partie. — HISTOIRE GRECQUE.

Nous joignons ici une explication détaillée sur les règles que l'on devra suivre pour l'étude de l'histoire ancienne.

EXPLICATION

DE

LA MÉTHODE EMPLOYÉE DANS CET OUVRAGE.

Nous avons divisé l'histoire ancienne en deux parties principales, savoir :

Première partie. — *Histoire des anciens peuples.*

Deuxième partie. — *Histoire grecque.*

ÉTUDE DE LA PREMIÈRE PARTIE.

Composition du tableau comparé des anciens peuples

NOTA. *Pour l'intelligence de cette explication, il est* indispensable *d'avoir sous les yeux le tableau.* (*Voir page* 16.)

A raison de son étendue, le tableau comparé des anciens peuples a été divisé en deux parties qui se suivent et forment deux tableaux.

Ces deux tableaux réunis comprennent l'espace de vingt siècles environ, depuis la fondation des empires primitifs, l'an 2467, jusqu'à la conquête de l'Egypte par Cambyse, fils de Cyrus, l'an 525.

Dans la partie latérale du tableau sont indiqués les *siècles* et les *années :* on rappellera encore aux élèves que pour les années *avant J.-C.*, le chiffre va en *décroissant* et non en *augmentant*. Ainsi, à la suite du 25e siècle, vient le 24e, puis le 23e, ainsi de suite.

Le tableau comparé des anciens peuples est divisé en *sept colonnes :* Egyptiens. — Phéniciens — Assyriens et Babyloniens. — Mèdes. — Perses. — Grecs. — Romains.

Dans chaque colonne se trouvent indiquées successivement, et dans l'ordre chronologique, les principales époques de chaque histoire.

De courtes notices sur les *Égyptiens*, les *Phéniciens*, les *Assyriens*, les *Mèdes*, les *Perses*, etc., accompagnent le tableau et lui servent d'explication.

Chaque chapitre contenant l'histoire d'un peuple correspond à une colonne du tableau comparé. Exemple : Première colonne, *Égyptiens*. — Premier chapitre, *Egyptiens*.

Deuxième colonne, *Phéniciens*. — Deuxième chapitre, *Phéniciens*, ainsi de suite.

L'*histoire grecque*, dont quelques époques sont indiquées dans la *sixième colonne* du tableau, n'est pas comprise dans ces notions. Cette histoire, à raison de son étendue et de son importance, formera à *elle seule* la seconde partie de cet ouvrage.

Quelques époques de l'*histoire romaine* ont été indiquées également dans la *septième colonne*, mais seulement pour faciliter des rapprochemens entre l'histoire des anciens peuples et l'enfance de cette nation célèbre; aucune notice, toutefois, n'a été jointe à cette partie du tableau, l'histoire romaine devant être l'objet d'une étude particulière, qui suivra immédiatement l'étude de l'histoire grecque *.

Manière d'étudier l'histoire des anciens peuples.

Avant de commencer l'étude de l'histoire ancienne (*première partie*), il serait fort utile de faire copier aux élèves le tableau comparé dont nous venons de donner l'explication ; ils en saisiraient alors la disposition et en conserveraient plus aisément le souvenir. Ce travail, toutefois, n'est pas *indispensable*, mais il offrirait tant d'avantages, que nous ne saurions assez le recommander.

---

* Dans l'*Histoire romaine*, qui fait suite à cette histoire ancienne, des rapprochemens avec l'histoire grecque ont été indiqués.

Que le tableau ait été copié ou non, l'élève devra l'apprendre par cœur, *colonne par colonne*. Par exemple, avant d'étudier le chapitre des Egyptiens, il apprendra sur le tableau (première colonne) les principales époques de l'histoire des *Egyptiens*. Pour éviter la confusion des dates, il pourrait alors ne dire que les siècles, mais seulement jusqu'au *huitième*, car pour les époques plus rapprochées de nous, il est essentiel de connaître aussi l'année.

EXEMPLE. — *Colonne des Egyptiens.*

25e siècle. — Ménès, premier roi d'Egypte.
17e siècle. — Règne de Sésostris.
7e siècle, année 656. — Règne de Psammétichus, etc.

L'élève apprendra ainsi la *première colonne des deux tableaux qui se suivent*, et aura déjà une première idée de l'histoire des Egyptiens. Les développemens qui se trouvent à la suite du tableau se classeront alors plus sûrement dans sa mémoire. Il apprendra de même chaque colonne, avant d'étudier le chapitre qui s'y rapporte.

Dans chaque chapitre il y a un article intitulé : ÉPOQUES REMARQUABLES. Là, les dates et les mots en GROS CARACTÈRES se trouvent en rapport avec le tableau, où les mêmes dates, les mêmes époques sont indiquées.

Exercices ou questions.

A la fin de chaque chapitre on a placé une série de questions auxquelles l'élève devra répondre.

Ces exercices sont calculés de manière à ce que toutes les réponses soient faciles ; le maître, toutefois, pourra, à volonté, étendre ou restreindre le nombre des questions.

Pour le dernier chapitre (*des Perses*), il y aura deux exercices : l'un *sur la notice* relative à ce peuple ; l'autre *sur le tableau* qui l'accompagne.

A mesure que l'on avancera dans l'étude de l'histoire ancienne, il serait fort utile de revenir sur les exercices déjà faits, pour les renouveler encore.

On terminera enfin l'étude de cette *première partie* de l'histoire ancienne par un EXERCICE GÉNÉRAL SUR LE TABLEAU COMPARÉ. Là, seront adressées indistinctement des questions sur tous les peuples compris dans le tableau, ainsi que sur les rapprochemens des histoires.

Ce dernier exercice exigera une *préparation;* voici en quoi elle consistera :

Préparation pour l'exercice général.

1° L'élève lira d'avance les questions auxquelles il aura à répondre.

2° S'il n'est pas sûr de sa mémoire, il relira les leçons précédentes auxquelles se rapportent ces questions.

3° Il reverra avec attention le *tableau comparé*, afin de pouvoir calculer plus aisément la distance d'une époque à une autre, ainsi que les rapprochemens entre l'histoire des différens peuples. Par exemple, si on lui demande : *à combien de siècles de distance vécurent Ménès et Sésostris, tous deux rois d'Egypte?* il verra sur le tableau que près de *huit siècles* s'étaient écoulés entre ces deux époques. *Quelle ville fut fondée la première, Athènes ou Carthage?* Il verra que ce fut Athènes. — A combien de siècles de distance? — Il en comptera *sept* environ entre la fondation des deux villes ; ainsi de suite.

Cette *préparation* terminée, l'élève sera en état de répondre avec exactitude aux questions qui lui seront adressées, et les différentes histoires qu'il aura apprises ainsi avec méthode ne pourront plus ni se confondre ni s'oublier.

Un élève auquel l'histoire ancienne aurait été enseignée par les moyens ordinaires, serait incapable (on croit pouvoir le dire) de répondre exactement à la plupart des questions contenues dans ce dernier exercice.

HISTOIRE ANCIENNE.

PREMIÈRE PARTIE.

DES ANCIENS PEUPLES,

DEPUIS LA FONDATION DES EMPIRES.

L'origine de tous les peuples se ressemble en ce qu'elle n'offre de toutes parts qu'incertitude et confusion. Les historiens n'ayant écrit que long-temps après la naissance des empires, n'ont pu recueillir et nous transmettre que des notions vagues et souvent même absurdes sur les antiquités de leur patrie. Nous chercherions vainement à débrouiller ce chaos en fixant notre attention sur des conjectures plus ou moins douteuses, plus ou moins probables; de longs détails à ce sujet fatigueraient l'esprit sans l'éclairer utilement. Il nous suffira donc de jeter un coup d'œil rapide sur l'enfance de ces grandes nations, qui tour à tour ont figuré dans l'histoire d'une manière plus ou moins remarquable.

Pour faciliter l'étude de cette première partie de l'histoire ancienne, nous joignons ici le *tableau comparé des principaux peuples*, depuis la formation des empires primitifs jusqu'au règne de Cyrus, roi de Perse, dont les conquêtes changèrent la face de l'Orient.

(*Revoir l'explication du tableau, page* 11.)

TABLEAU COMPARÉ

Depuis l'année 2467

SIÈCLES avant J.-C.	ANNÉES.	AFRIQUE. — Égyptiens.	ASIE. — Phéniciens.	ASIE. — Assyriens et Babyloniens.
25e	2467	Ménès, premier roi d'Égypte.		
20e	1993	....	....	Bélus, fondateur du royaume d'Assyrie.
»	1968	....	....	Règne de Ninus.
»	1916	....	....	Règne de Sémiramis
19e	1900	....	Fondation de Sidon, première capitale.	
17e	1645	Règne de Sésostris.		
»	1640	....	Agénor fonde la ville de Tyr.	
16e	1582	....	....	....
»	1516	....	....	....
13e	1297	....	....	Fin de la dynastie de Ninus et de Sémiramis.
»	1280	....	....	....
12e	1174	....	....	....
11e	1080	....	Abibal, premier roi des Phéniciens.	
9e	866	....	....	....
»	860	....	Règne de Pygmalion. Didon fonde Carthage en Afrique.	
	776	....	....	....
»	759	....	....	Sardanapale détrôné. Fin du premier empire d'Assyrie.

FONDATION DES EMPIRES.

DES ANCIENS PEUPLES.

avant J.-C., jusqu'en 525.

ASIE. — Mèdes.	ASIE. — Perses.	EUROPE. — Grecs.	EUROPE. — Romains.
………	………	Fondation d'Athènes, par Cécrops, Égyptien.	
………	………	Fondat. de Sparte.	
………	………	Guerre de Troie.	
………	………	Établissement des colonies grecques dans l'Asie mineure.	
………	………	Lycurgue, législateur de Sparte.	
………	………	1re Olympiade.	
La Médie, soumise jusque là aux Assyriens, forme un état particulier.			

Continuation du tableau, page suivante.

SIÈCLES avant J.-C.	ANNÉES.	AFRIQUE. — Égyptiens.	ASIE. — Phéniciens.	ASIE. — Assyriens et Babyloniens.
8e	754	....	....	....
»	747	....	....	Nabonassar, roi de Babylone.
»	733	....	....	....
»	714	....	....	....
7e	657	....	....	....
»	656	Règne de Psammétichus.		
»	606	....	....	Destruction de Ninive.
»	605	....	....	Règne de Nabuchodonosor II.
6e	594	....	....	....
»	593	....	....	....
»	579	....	Destruction de Tyr par Nabuchodonosor II. Les Phéniciens ne reparaissent plus dans l'histoire.	
»	570	Règne d'Amasis.		
»	555	....	....	....
»	538	....	....	L'empire des Assyriens est conquis par Cyrus, qui prend Babylone.
»	536	....	....	....
»	535	....	....	....
»	528	....	....	....
»	525	Psamménit, roi. L'Égypte est conquise par Cambyse, fils de Cyrus.		

En 525, l'Égypte, la Phénicie, l'Assyrie, la Médie, etc., etc., se [illegible]-ire fondé par Cyrus le Grand.

ASIE. — Mèdes.	ASIE. — Perses.	EUROPE. — Grecs.	EUROPE. — Romains.
....	....	....	Fondation de Rome par Romulus.
Déjocès proclamé roi des Mèdes.			
....	....	....	Numa, roi, législateur.
....	....	Fondation de Byzance, aujourd'hui Constantinople.	
Astyage, roi des Mèdes, aïeul de Cyrus.			
....	....	Solon, législateur d'Athènes.	
Cyrus. Ses conquêtes comme allié des Mèdes.			
La Médie réunie à la Perse.	Cyrus le Grand fonde l'empire des Perses.		
....	....	....	Règne de Tarquin le Superbe, dernier roi de Rome. La royauté fut abolie en 509.
....	....	Hipparque et Hippias règnent à Athènes. — La royauté fut abolie en 510.	

(1) ... trouvaient comprises dans le vaste

NOTIONS GÉNÉRALES

SUR LES ANCIENS PEUPLES.

ÉGYPTIENS.

(Ce chapitre correspond à la 1re colonne du tableau.)

POSITION GÉOGRAPHIQUE *. — L'*Égypte* est située sur la côte septentrionale de l'Afrique ; elle est séparée de l'Asie par la mer Rouge, et de l'Europe par la Méditerranée.

Elle était divisée anciennement en haute Égypte, ou *Thébaïde*, Égypte du milieu, ou *Heptanomide*, et basse Égypte, dont la partie renfermée entre les bras du Nil, depuis leur division jusqu'à la mer, portait le nom de *Delta*.

L'Égypte est resserrée entre deux chaînes de montagnes, dans la largeur de deux cent vingt-cinq lieues. Le Nil la traverse du sud au nord, et le pays doit aux eaux de ce fleuve toute sa fertilité ; pendant trois mois de l'année il inonde ses campagnes, et le limon qu'il dépose sur des terres naturellement arides est le principe de l'abondance dont jouissent ces contrées.

ORIGINE DES ÉGYPTIENS. — Les Égyptiens sont un des plus anciens peuples civilisés connus dans

* On devra indiquer sur la carte, placée en tête de ce volume, la position géographique de chacun des états dont il sera fait mention.

l'histoire. Selon les traditions de leurs prêtres, l'établissement de la monarchie égyptienne remonterait à la plus haute antiquité. Ils supposaient que les dieux avaient gouverné d'abord, et attribuaient à leurs divinités l'origine des lois, des arts et des sciences. Sans nous arrêter à de vaines conjectures, que la vanité ou l'ignorance ont souvent enfantées, nous indiquerons seulement les faits qui paraissent avoir le plus de vraisemblance.

Époques remarquables, depuis l'an 2467 jusqu'en 525 avant J.-C.

(Voyez le tableau, 1re colonne, *Égyptiens.*)

L'an 2467 avant J.-C., MÉNÈS, PREMIER ROI D'ÉGYPTE, rendit cette monarchie florissante. Il laissa, dit-on, trois fils, qui se partagèrent son empire. Après Ménès, s'écoulèrent plusieurs siècles qui sont inconnus, et dans lesquels on place les *rois pasteurs*. On appela ainsi les Arabes, qui firent la conquête de l'Égypte et y régnèrent trois cents ans.

1645. — Vers cette époque parut sur le trône le GRAND SÉSOSTRIS, appelé aussi Séthos et Rhamsès le Grand. Ce prince, conquérant et législateur, est le monarque le plus célèbre qu'aient eu les Égyptiens; d'innombrables conquêtes illustrèrent ses armes, mais sans produire de grands avantages pour ses peuples; il travailla plus efficacement à leur bonheur pendant les loisirs de la paix. D'utiles établissemens, des temples magnifiques, des canaux, des chaussées sur lesquelles on bâtit des villes, de bonnes lois surtout, furent des monumens plus durables de sa profonde sagesse.

L'apparition de Sésostris sur le trône d'Égypte forme en quelque sorte une trace lumineuse qui s'éteint bientôt après, pour faire place à l'obscurité profonde qui règne de nouveau pendant plusieurs siècles.

656.—L'histoire d'Égypte commence à s'éclaircir sous le règne de PSAMMÉTICHUS : ce prince ouvre ses ports aux étrangers, et la nation entre en communication avec les Grecs.

Néchao, fils de Psammétichus, fit faire de grands progrès à la marine. On dit que par ses ordres des navigateurs phéniciens, partis de la mer Rouge, firent letour de l'Afrique, et se trouvèrent à l'embouchure du Nil trois ans après leur départ. Ce prince avait commencé un canal de communication entre le Nil et la mer Rouge; mais cette entreprise, digne d'un grand roi, ne réussit point.

570.—AMASIS détrôna Apriès, petit-fils de Néchao : l'Égypte fut heureuse sous le gouvernement de ce prince; il favorisa le commerce et attira les Grecs dans son royaume, où Solon et Pythagore vinrent s'instruire.

525.—PSAMMÉNIT, successeur d'Amasis, ne régna que six mois. *Cambyse*, roi de Perse, fils de Cyrus, le détrôna et soumit l'Égypte entière. Ce pays resta sous la domination des Perses jusqu'à la conquête de leur empire par Alexandre, roi de Macédoine, l'an 332 avant J.-C.

GOUVERNEMENT. — De temps immémorial l'Égypte avait obéi à des rois. Mais les lois étaient au-dessus du monarque et devaient lui servir de règles à lui-même. L'ordre de sa cour, l'emploi de son temps, les mets de sa table, tout était fixé par des règles austères et invariables qui lui étaient rappelées chaque matin. Le pouvoir royal était restreint également par l'influence du sacerdoce, qui dominait le souverain par l'autorité de la religion.

Les rois, comme les particuliers, étaient jugés publiquement après leur mort : s'ils avaient mal vécu ou mal gouverné, on les privait de la sépulture.

On attribue à Sésostris la division de l'Égypte en trente-six *nomes* ou départemens, qu'il confiait aux hommes les plus dignes de commander.

Les terres étaient partagées entre le roi, les prêtres et les gens de guerre : le reste de la nation devait subsister de son travail. Ce partage inégal favorisait le despotisme et rendait les prêtres trop puissans.

JUSTICE, LOIS, COUTUMES. — L'administration de la justice était confiée à trente magistrats choisis dans les trois capitales du royaume, *Héliopolis*, *Memphis* et *Thèbes* *. Pour éviter les séductions de l'éloquence, les affaires se discutaient par écrit : le président tenait une figure de la vérité dont il touchait celui qui gagnait sa cause.

* Héliopolis était la capitale de la *basse Égypte*, Memphis de la *moyenne*, Thèbes de la *haute*.

Parmi les lois des Égyptiens, plusieurs sont remarquables par leur sagesse : non seulement on punissait de mort le meurtre volontaire, mais celui qui avait pu l'empêcher et ne l'avait pas fait; était puni également. C'est ainsi que les lois veillaient à la conservation des citoyens.

L'infidélité des époux, regardée comme un des crimes les plus nuisibles à la société, était rigoureusement punie.

Des marques d'infamie étaient la punition du soldat coupable de lâcheté, parce que l'honneur doit être le premier mobile des gens de guerre.

Les biens et non la personne du débiteur répondaient de la dette ; ce qui empêchait les violences des créanciers.

Chaque citoyen devait, sous peine de la vie, justifier tous les ans de ses moyens d'existence.

Les professions étaient héréditaires, sans qu'il fût permis d'en changer jamais. Cette coutume, qui éteignait toute émulation, fut plus nuisible qu'utile aux progrès en tous genres.

Malgré les lois si vantées des Égyptiens, de grands abus subsistaient encore, tels que le mariage entre frère et sœur, la polygamie ou pluralité des femmes, permise à tous, excepté aux prêtres.

Religion. — Les premières idées d'un dieu unique s'étant effacées, la religion des Égyptiens dégénéra en superstition absurde et funeste ; non seulement on déifia les hommes, les astres et les élémens, mais on adora même les animaux.

On commença vraisemblablement par le culte

des astres; le soleil, la lune, sous les noms d'*Osiris* et d'*Isis*, reçurent les premiers hommages. Le *bœuf Apis*, qui fut ensuite la principale divinité, était un taureau noir marqué de certaines taches.

Différens animaux étaient encore regardés comme *sacrés*; mais les Égyptiens ne s'accordaient pas toujours sur ces objets de leur culte. Là, le crocodile était adoré; ici, l'ichneumon, ennemi du crocodile; là, le mouton; ici, la chèvre; des querelles religieuses naissaient continuellement de cette différence.

Quelques animaux étaient regardés comme immondes, surtout le porc. On abhorrait aussi la mer, par conséquent la navigation; les Égyptiens avaient une horreur superstitieuse pour les étrangers, n'imaginant rien de beau, rien de bien que ce qui se pratiquait dans leur pays : ce préjugé injurieux aux hommes en général était évidemment contraire au bien public.

Les prêtres égyptiens avaient seuls la prérogative de cultiver les sciences. Plus éclairés que le reste de la nation, ils gouvernaient le peuple et les rois. Un petit nombre de personnes étaient initiées à leurs mystères : ils entretenaient, du reste, la superstition et l'ignorance, dont ils savaient profiter.

Les Égyptiens croyaient à la *métempsycose*, ou transmission des âmes, c'est-à-dire qu'après la mort, les âmes passaient d'un corps dans un autre, et que la punition des crimes était le passage de l'âme dans le corps d'animaux immondes et malheureux. Parmi les anciens peuples, plusieurs ont eu cette croyance absurde.

SCIENCES ET ARTS. — Tous les peuples étaient encore pour la plupart plongés dans l'ignorance, que déjà les Égyptiens connaissaient et cultivaient les sciences et les arts. La géographie, l'astronomie surtout, étaient l'objet de leurs études ; l'architecture produisait en Égypte des monumens d'une grandeur et d'une solidité prodigieuses. Près du Caire, où jadis était Memphis, subsistent encore *trois pyramides*, dont la plus grande a deux mille six cent quarante pieds de circuit et cinq cents de hauteur perpendiculaire. Ces édifices gigantesques avaient été construits, dit-on, pour servir de tombeaux aux monarques égyptiens.

Les *obélisques* font connaître aussi de quoi les Égyptiens étaient capables ; ils en avaient construit plusieurs d'une seule pièce de cent quatre-vingt-dix pieds de haut.

Le lac Mœris, qui avait été creusé pour recevoir les eaux du Nil au moyen d'un canal de communication, était destiné à remédier à une trop grande ou trop faible inondation de ce fleuve. Cet immense ouvrage est plus digne d'admiration que de gigantesques et inutiles monumens, puisqu'il servit au bien public. On l'attribue à *Mœris*, qui régnait à Thèbes, dans la haute Égypte, l'an 2040.

Les Egyptiens, qui connaissaient le cours des astres, divisèrent l'année en douze mois ; ce fut d'abord une année lunaire de 354 jours seulement ;

ils trouvèrent enfin la véritable année solaire de 365 jours et quelques heures.

L'écriture des Égyptiens consistait d'abord en *hiéroglyphes*, ou emblèmes, c'est-à-dire en un grand nombre de figures qui représentaient confusément les objets. Pendant long-temps on ne connut pas d'autres moyens de peindre la pensée : les prêtres égyptiens en conservèrent l'usage même après l'invention des caractères alphabétiques, afin de pouvoir ainsi dérober leur science au vulgaire.

Dans le palais d'Osymandias, un des rois pasteurs, était, dit-on, la plus ancienne bibliothèque du monde, avec cette inscription : *Remèdes contre l'âme;* il est probable toutefois que les ouvrages qui composaient cette bibliothèque n'avaient rapport qu'aux sciences ; car chez les Égyptiens on ne trouve les vestiges d'aucune littérature régulière, ni les restes d'aucun théâtre.

A quelque distance, au contraire, que l'on remonte dans l'histoire, on trouve en Égypte non seulement les arts nécessaires, mais ceux de luxe et d'agrément. La peinture et la musique y étaient cultivées. Les fines étoffes, les broderies, les vases précieux, tout l'appareil enfin de la magnificence, attestent en ce genre les talens des Égyptiens.

INVENTIONS, DÉCOUVERTES. — On attribuait à *Osiris* l'invention de la charrue : c'est un des plus grands services rendus au genre humain, puisque l'agriculture peut être considérée comme la source première de la prospérité des empires.

On doit encore aux Égyptiens de précieuses découvertes, l'usage du pain d'abord, puis l'usage du fer, qui était resté inconnu lorsque déjà on employait le cuivre et l'argent; enfin l'usage du feu, c'est-à-dire le moyen de le conserver et de le reproduire, qui si long-temps fut ignoré des hommes.

Tant d'utiles découvertes chez un ancien peuple, et dans un temps si éloigné de nous, invitent à quelques réflexions sur notre situation présente. Trop accoutumés à jouir des avantages qui se trouvent chaque jour sous nos mains, nous ne pensons pas aux miracles d'industrie qu'il a fallu pour les produire, ni à la multitude prodigieuse d'hommes qui en ont été privés. Cependant ce qui nous paraît aujourd'hui si simple et si facile, ce qui l'est devenu en effet par l'habitude, doit être admiré dans l'origine, soit comme un don précieux de la nature, soit comme le fruit d'une industrie supérieure à la nature elle-même.

On ne pourrait sans injustice refuser aux Égyptiens le génie de l'invention; ils firent, ainsi que nous l'avons vu, de grands pas dans les arts et dans les sciences; mais privés de goût et de jugement, ils s'arrêtèrent au milieu de la carrière sans atteindre le but. Ennemis des étrangers, méprisant tout ce qu'ils ne pratiquaient pas, ils furent dès lors incapables de rien perfectionner, et après avoir été les précepteurs de la plupart des nations, ils restèrent au même degré de connaissances imparfaites.

Exercices ou Questions sur l'histoire des anciens peuples.

EXERCICES SUR LES ÉGYPTIENS *.

Dans quelle partie du monde est située l'Egypte? — Quel fleuve la fertilise, et de quelle manière?

ÉPOQUES REMARQUABLES.

(Voir le tableau comparé, *première colonne.*)

Quel a été le premier roi d'Egypte? — Dans quel siècle vivait Ménès? — Connaît-on ses successeurs? — Qu'était-ce que les *rois pasteurs*? — Pendant combien de siècles régnèrent-ils? — Dans quel siècle parut *Sésostris?* — Que fit ce prince pour le bonheur de ses peuples? — A quelle époque vécut Amasis? — Comment régna-t-il? — Quel prince lui succéda? — Par qui l'Egypte fut-elle conquise? — En quelle année? — Depuis l'année 525, de quel royaume l'Egypte fit-elle long-temps partie? — Sous quel roi l'histoire d'Egypte commença-t-elle à s'éclaircir, et dans quel siècle?

Quel était le gouvernement des Egyptiens? — Quelles étaient leurs lois, leurs coutumes? — Quelle était leur religion? — Cultivaient-ils les arts et les sciences? — Quels furent leurs principaux monumens? — Quelles furent leurs principales découvertes?

---

* En répondant aux questions, l'élève indiquera sur la carte les principaux états dont il sera fait mention.

PHÉNICIENS.

POSITION GÉOGRAPHIQUE*.—La Phénicie, contrée l'Asie, était située sur les bords de la Méditerranée; ses bornes étaient : au nord le mont Liban, au midi le mont Carmel.

Habitant un pays stérile et dans le voisinage de la mer, les Phéniciens sentirent de bonne heure le besoin de chercher des ressources au dehors, et créèrent l'art de la navigation. Profitant des avantages que leur offraient des ports commodes et les forêts du mont Liban, ils construisirent des vaisseaux; dès lors, maîtres de la Méditerranée, et sans autres guides que les étoiles du pôle (la boussole était alors inconnue), ils étendirent prodigieusement leur commerce, qui bientôt leur procura d'immenses richesses, et les fit jouir de tout ce que les autres peuples possédaient d'utile et de précieux. Ce peuple est désigné dans l'histoire sainte sous le nom de Chananéens, qui voulait dire *marchands*.

Les îles de Chypre, de Rhodes, la Grèce, la Sicile, la Sardaigne, se remplirent de leurs colonies; parvenus aux côtes méridionales de l'Espagne, Cadix devint leur entrepôt.

* Voyez la carte. — L'ancienne Phénicie fait partie aujourd'hui de *la Syrie*, autrefois *la Sourie*, province de la Turquie d'Asie.

Époques remarquables, depuis l'année 1900 avant J.-C. jusqu'en 578.

(Voyez le tableau, 2e colonne, *Phéniciens.*)

1900.—On croit que la *ville de Sidon* fut fondée vers cette époque. Cette capitale, qui bientôt devint florissante, est le premier monument de l'histoire des Phéniciens.

1640.—La *ville de Tyr* fut fondée, dit-on, par AGÉNOR, roi de Thèbes (en Égypte). Forcé d'abandonner sa patrie, ce prince vint s'établir sur la côte de Phénicie, et bâtit une nouvelle capitale qui, par sa position avantageuse sur la mer, devint le centre du commerce et la ville la plus opulente du monde.

1080.—Les Phéniciens ou Tyriens adoptèrent le gouvernement monarchique. ABIBAL, leur premier roi, est peu connu dans l'histoire.

860.—Pygmalion, qui régnait à Tyr, ayant fait périr l'époux de DIDON, sa sœur, cette princesse prit la fuite, emportant ses trésors, et alla fonder en Afrique la *ville de Carthage*, qui devait être un jour la rivale de Rome, après avoir surpassé en puissance et en richesse les villes de Tyr et Sidon.

579.—DESTRUCTION DE TYR PAR NABUCHODONOSOR II, roi d'Assyrie. — Soumission complète des Phéniciens, qui ne reparaissent plus dans l'histoire.

GOUVERNEMENT. — La Phénicie ne forma pas d'abord un état constitué comme les républiques de la Grèce ou les monarchies de l'Asie ; elle fut long-temps divisée en *tribus*, avant de reconnaître un roi.

RELIGION DES PHÉNICIENS. — La religion de ces peuples offrait plusieurs points de ressemblance avec celle des Égyptiens, mais avec moins de superstition ; ils furent loin toutefois d'en être exempts, car on leur reproche la plus cruelle de toutes, celle d'offrir à la divinité des sacrifices humains. Il paraît que le commerce et les voyages les avaient peu éclairés à cet égard.

INVENTIONS, DÉCOUVERTES. — On attribue aux Phéniciens l'invention de l'*écriture alphabétique*, art sublime qui seul pouvait dissiper l'ignorance du genre humain. On doit encore à ce peuple industrieux d'utiles découvertes : le hasard seul procura la précieuse teinture de pourpre ; ils trouvèrent le moyen de l'extraire d'un coquillage et de l'appliquer aux étoffes. L'invention des poids et mesures, l'art de dresser des comptes, sont dus également aux Phéniciens. On doit remarquer encore que les premiers ils firent l'application de l'astronomie à la navigation.

ARTS ET SCIENCES.—Ainsi que les Égyptiens, ce peuple aimait et cultivait les arts et les sciences ; mais, esclaves de leurs préjugés, les Égyptiens s'arrêtèrent au point où tout semblait les inviter à la perfection, tandis que les Phéniciens, au contraire, pleins de zèle, d'activité, cherchaient sans cesse de nouveaux moyens pour arriver au but : aussi tous leurs pas en quelque sorte furent-ils marqués par des succès. Si les exploits d'un peuple guerrier fournissent d'amples matériaux à l'histoire, les efforts d'une nation industrieuse ne doivent pas offrir moins d'intérêt.

Exercices sur les Phéniciens.

Dans quelle partie du monde est située la Phénicie? — Quel avantage procurait aux Phéniciens le voisinage de la mer et des forêts du mont Liban? — Leur commerce était-il étendu et florissant? — Dans quels pays les Phéniciens portèrent-ils leurs colonies?

ÉPOQUES REMARQUABLES.

(Voir le tableau, *deuxième colonne.*)

Dans quel siècle fut fondée la ville de Sidon? — Dans quel siècle fut fondée la ville de Tyr, et par qui? — A quelle époque régnait Pygmalion? — Quelle fut la conduite de ce prince envers Didon, sa sœur? — Quelle ville fut fondée par Didon? — En quelle année? - Dans quelle partie du monde était située Carthage? — Par qui fut détruite la ville de Tyr? — En quelle année? — Que devinrent alors les Phéniciens?

Quel était le gouvernement des Phéniciens? — Quelle était leur religion? — Quelle fut la plus importante de leurs inventions? — Les Phéniciens cultivèrent-ils les arts et les sciences?

INDIENS *.

Arrosée par l'Indus et le Gange, l'Inde, partie méridionale de l'Asie, est un des pays les plus riches en productions de la nature. Outre les diamans, les perles et les pierreries de toute espèce, on y trouve en abondance la soie, le coton, le riz, le sucre, des fruits délicieux; des animaux rares et utiles, tels que le chameau et l'éléphant. La douceur du climat, la fertilité du pays dispensent en quelque sorte les hommes des vêtemens, et la terre de culture.

Avec de tels avantages, l'Inde devait être habitée et policée avant la plupart des autres pays; ses commencemens, en effet, se perdent dans l'obscurité des siècles, et des monumens attestent l'antiquité de son origine.

Les Indiens étaient tous libres et divisés en sept classes ou *castes* qui ne se confondaient jamais par le mariage. Dépositaire de la religion et de la science, celle des *Brahmes* ou *Brachmanes* avait la prééminence sur toutes les autres.

Brahma, qui donna son nom aux prêtres de

* L'histoire des Indiens ne présentant pas des époques bien déterminées, elle ne fait pas partie du tableau chronologique. Il a paru nécessaire toutefois de donner ici quelques notions sur un peuple dont l'origine remonte à la plus haute antiquité.

l'Inde, était regardé par ces peuples comme un dieu, ou un génie du premier ordre.

Un des points fondamentaux de la religion des Indiens était la métempsycose. Leur ancienne doctrine toutefois était remarquable ; ils croyaient que le monde a commencé, qu'il finira, que Dieu le remplit de sa présence, et que les âmes, après avoir subi plusieurs épreuves, plusieurs transmigrations d'un corps dans un autre, se réunissaient enfin pour jouir ensemble d'une éternelle félicité.

D'après une coutume superstitieuse, les femmes, chez les Indiens, se faisaient un devoir de se brûler après la mort de leurs maris ; on en voit encore aujourd'hui des exemples.

On attribue aux Indiens l'invention des échecs et celle des chiffres arabes ; l'usage de la soie leur est dû également ; on dit que les premiers ils firent éclore l'insecte qui la produit. Du reste, sous le rapport des arts, des sciences et de l'astronomie surtout, ce peuple était bien inférieur aux Égyptiens, et aux Phéniciens plus encore.

Exercices sur les Indiens.

NOTA. *Ce peuple ne fait pas partie du tableau comparé, ainsi que nous l'avons déjà observé.*

Dans quelle partie du monde est située l'Inde? — Quels sont les avantages de ce pays, de son climat, de ses productions?

Comment étaient divisés les Indiens? — Qu'était-ce que les *Brahmes,* ou Brachmanes? — Quel était le point fondamental de la religion des Indiens? — Quelles inventions attribue-t-on à ce peuple?

ASSYRIENS ET BABYLONIENS.

La *Mésopotamie*, séjour des Assyriens et des Babyloniens, était située entre le Tigre et l'Euphrate, dans un des plus beaux climats du monde *. Babylone sur l'Euphrate, et Ninive sur le Tigre, furent les capitales de deux grands empires. On a lieu de croire toutefois que les Assyriens et les Babyloniens, tour à tour réunis et séparés, ne formèrent bientôt qu'un même peuple, et que ces deux noms se prenaient indifféremment l'un pour l'autre.

Les ténèbres qui couvrent l'histoire d'Égypte ne sont rien en comparaison de celles qui enveloppent l'origine des premiers peuples d'Asie, surtout en ce qui concerne les Assyriens et les Babyloniens. Sans trop nous arrêter à des détails pour le moins incertains, nous indiquerons seulement ici le petit nombre de faits marquans qui forment époques dans l'histoire de cette nation.

Époques remarquables de l'histoire des Assyriens et des Babyloniens, depuis l'an 1993 jusqu'en 536.

(Voyez le tableau, 3e colonne, *Assyriens.*)

1993. — Bélus est regardé comme le fondateur

* Voyez la carte.

du royaume d'Assyrie; il réunit l'empire de Babylone et celui de Ninive. On rapporte à Bélus l'origine de l'idolâtrie; il fut adoré comme un Dieu.

1968. — NINUS, fils de Bélus, lui succéda. Possédé de la manie des conquêtes, ce prince subjugua, dit-on, un grand nombre de peuples, depuis l'Egypte jusqu'à l'Inde. Il suspendit ses brillantes expéditions pour embellir Ninive, qui devint la capitale de son empire.

916. — SÉMIRAMIS, femme d'un des officiers de Ninus, s'était distinguée à l'armée par des exploits héroïques; le roi l'épousa et lui laissa la couronne.

L'ambitieuse princesse, voulant s'immortaliser à son tour, fonda *Babylone*, plus belle encore que Ninive. Cette ville superbe fut entourée de murailles où six chars pouvaient aller de front; de magnifiques jardins suspendus, des quais, des ponts, des prodiges d'architecture et de sculpture, tout est l'ouvrage de Sémiramis, qui ajoute à tant de merveilles des conquêtes plus surprenantes encore. A la tête d'une armée innombrable, elle soumet des royaumes, pénètre dans l'Inde; mais bientôt vaincue, blessée et mise en fuite, l'héroïne vient mourir dans ses états.... De semblables récits sont évidemment fabuleux.

Après Sémiramis, l'histoire des Assyriens ne présente pas un fait remarquable pendant l'espace de huit cents ans.

159. — SARDANAPALE, prince faible et efféminé, régnait en Assyrie. Ses peuples, las et honteux

d'obéir à un monarque incapable de gouverner, se révoltèrent contre lui. Assiégé dans Ninive, il fut vaincu et détrôné par Arbacès, satrape de Médie ; enfin, craignant de tomber entre les mains de ses ennemis, Sardanapale fit allumer un bûcher dans son palais et s'y précipita avec ses femmes et ses trésors.

L'empire d'Assyrie fut alors démembré, et trois royaumes s'élevèrent sur ses débris :

1° Celui de Babylone, où *Bélésis* forma une espèce de république dont il se fit reconnaître le chef ;

2° Celui de Ninive, où fut proclamé un roi nommé *Phul ;*

3° Celui de Médie, qui n'adopta d'abord aucune forme de gouvernement, et fut administré par ce même *Arbacès*, vainqueur de Sardanapale.

747. — NABONASSAR, fils de Bélésis, ayant pris le titre de roi de Babylone, le rendit héréditaire dans sa famille ; ce prince est célèbre par l'ère qui porte son nom *. L'histoire d'Orient, jusque là très-obscure, acquiert depuis cette époque plus de clarté.

606. — DESTRUCTION DE NINIVE. Depuis la séparation des deux royaumes de Ninive et de Babylone, les deux peuples, continuellement en guerre, avaient été alternativement ou vainqueurs ou vaincus. Nabopolassar, roi de Babylone, s'em-

---

* Une *ère* est une époque plus remarquable que les autres et de laquelle on part pour compter les années. L'*ère* de Nabonassar date de l'an 747.

para enfin de Ninive et la détruisit. Dès lors les deux empires furent de nouveau réunis, et Babylone en fut la capitale.

605. — Nabuchodonosor II, fils de Nabopolassar, lui succéda sur le trône, et se rendit célèbre par ses conquêtes et par ses immenses richesses; en lui finit la grandeur de l'empire babylonien. La faiblesse de ses successeurs amena la décadence du royaume et en prépara la chute.

538. — Cyrus, roi de Perse, s'empara de Babylone et de toute l'Assyrie. Ainsi se termina le deuxième empire des Assyriens, après avoir duré 221 ans depuis la mort de Sardanapale.

Gouvernement. — Chez les Assyriens, le gouvernement était despotique, et dès lors funeste pour le peuple. Les prêtres, sans cesse consultés par les princes, exerçaient une puissante influence.

Religion. — Elle consistait principalement dans le culte des astres. Le dieu *Bel*, ou *Bélus*, était le soleil. Les planètes, *Mars*, *Vénus*, *Mercure*, *Saturne*, *Jupiter*, étaient aussi au nombre des divinités. Cette idolâtrie toutefois n'empêchait pas les Assyriens de reconnaître un dieu suprême, dont la connaissance ne parvenait point au peuple.

L'adoration des astres conduisit aux erreurs de l'*astrologie judiciaire* (on désignait ainsi la connaissance de l'avenir par l'inspection des astres), science fausse et absurde qui a long-temps abusé le genre humain. Les Babyloniens, ou plutôt les Chaldéens, leurs prêtres, trouvaient de grands avantages à cette croyance, qui livrait à leurs caprices la crédulité d'un peuple ignorant et superstitieux.

Sciences, Arts, Inventions, etc. — L'Assyrie dispute à l'Égypte l'avantage d'avoir été le berceau des sciences et des arts. Ces deux peuples, en effet, les cultivèrent de bonne heure et avec succès. Sous le beau ciel de la Mésopotamie, les Assyriens devinrent bientôt astronomes. On leur attribue l'invention du *cadran solaire*. Ils firent également des progrès dans l'architecture ; mais, à l'exemple des Egyptiens, leurs monumens étaient gigantesques, et comme eux ils n'eurent aucune idée de la grâce et de l'élégance des formes.

Les Assyriens réussirent dans les arts d'utilité et d'agrément ; la musique et la peinture ne leur étaient pas inconnues. Dès l'antiquité la plus reculée, ils possédèrent aussi l'art de tisser les laines, de battre l'or et de dorer les bois et les métaux. L'activité de leur commerce, que favorisait le voisinage du Tigre et de l'Euphrate, leur permettait d'échanger les produits de leurs pays. Ces communications continuelles avec les nations étrangères (avantages que ne possédaient point les Égyptiens) durent contribuer puissamment à leurs progrès.

Moeurs et coutumes. — La polygamie était permise chez les Assyriens, ainsi que le divorce. Les plus belles filles étaient, dit-on, vendues à l'enchère, et le prix qui en provenait devait former la dot des autres. Une coutume différente de celle des anciens peuples d'Asie accordait une entière liberté aux femmes de Babylone ; les mœurs n'y gagnèrent pas, le luxe, la mollesse, les désordres de tous genres régnèrent en Assyrie et particulièrement à Babylone. Cette corruption de mœurs devint excessive, surtout après la conquête de cette capitale par Cyrus, roi de Perse.

Exercices sur les Assyriens et les Babyloniens.

Dans quelle partie du monde était située la Mésopotamie, séjour des Assyriens? — Sur quel fleuve était Babylone? — Sur quel fleuve était Ninive?

ÉPOQUES REMARQUABLES.

(Voyez le tableau, *troisième colonne.*)

Dans quel siècle fut fondé le royaume d'Assyrie, et par qui fut-il fondé?

Quel fut le successeur de *Bélus?* — Quelles furent les conquêtes de *Ninus?* — Quelle ville fut embellie par lui, et devint la capitale de son empire? — Qu'était Sémiramis? — Comment se rendit-elle célèbre? — Quels furent ses exploits? — Quelle ville fut fondée par elle? — Que raconte-t-on de Babylone? — Comment mourut Sémiramis? — Dans quel siècle a-t-elle vécu? — Doit-on croire aux récits des historiens relativement à cette héroïne? — Après Sémiramis, combien de siècles s'écoulèrent sans présenter aucun fait remarquable dans l'histoire des Assyriens?

En quelle année fut détrôné Sardanapale, et démembré le premier empire des Assyriens?

D'où Nabonassar était-il roi? — De quelle époque date l'ère de Nabonassar?

A quelle époque régna Nabuchodonosor II?

Par qui fut détruit le *second empire* des Assyriens? — Combien avait-il duré?

Quel était le gouvernement des Assyriens? — En quoi consistait leur religion? — Qu'était-ce que l'astrologie judiciaire?

Les arts et les sciences étaient-ils cultivés en Assyrie?

Quelles étaient les mœurs et coutumes des Assyriens?

DES MÈDES.

Position géographique. — La Médie, qui longtemps fit partie du royaume d'Assyrie, avait pour bornes la mer Caspienne, la Perse, la Babylonie et l'Arménie. Située au-delà du Tigre, elle s'étendait dans un vaste pays entrecoupé de montagnes *.

Les Mèdes ne commencèrent à jouer un rôle dans l'histoire des peuples d'Asie qu'après le démembrement du premier empire des Assyriens, l'an 789 avant J.-C.

Époques remarquables de l'histoire des Mèdes, de 759 à 536.

(Voyez le tableau, *quatrième colonne*.

759. — Supportant malgré eux le joug des Assyriens, les Mèdes profitèrent de la faiblesse de

* Voyez la carte. — La Médie est aujourd'hui une province de Perse, sous le nom d'*Irac Agemi*.

SARDANAPALE, leur roi, pour conquérir leur liberté. ARBACÈS, gouverneur de Médie, fut le chef de la révolte qui précipita Sardanapale du trône. Devenu maître indépendant d'une contrée qui avait été soumise à son administration, il continua à gouverner la Médie, mais sans donner une forme déterminée à son gouvernement

733. — Après la mort d'Arbacès, des troubles, des dissensions continuelles éclatèrent parmi les Mèdes, qui se trouvaient sans chef, sans gouvernement. DÉJOCÈS, juge dans un de leurs cantons, fut choisi par eux pour les gouverner et pour remédier aux désordres. Satisfaits de son administration, les Mèdes l'élevèrent sur son trône d'une voix unanime.

Déjocès travailla activement au bonheur du peuple qui lui avait confié le pouvoir ; il s'appliqua d'abord à réformer les mœurs, à rendre les Mèdes plus sociables ; dispersés jusque là dans des hameaux, dans des bourgades, il les rassembla dans des villes, et fonda *Ecbatane*, qui devint la capitale de ce nouvel empire. Cette ville immense avait, dit-on, sept enceintes de murailles, élevées les unes sur les autres ; on ne peut croire à tout ce que racontent les historiens de son luxe et de sa magnificence.

Le pouvoir suprême est un écueil auquel ne résistent pas toutes les âmes. Déjocès en fut la preuve : après avoir gouverné avec modération et sagesse, il sembla ne vouloir régner que par la terreur ; entouré d'une garde nombreuse, il se rendit inaccessible à ses sujets, afin, disait-il, de leur inspirer plus de respect pour son autorité. Il n'en obtint que le mépris et la haine, après avoir mérité leur reconnaissance par les progrès qu'il avait fait faire à la civilisation.

Après la mort de Déjocès, *Phraortès*, *Cyaxare Ier*, *Astyages* occupèrent successivement le trône de Médie, et furent souvent en guerre avec les princes d'Assyrie. Astyages avait donné sa fille Mandane en mariage à Cambyse, roi d'un petit pays qu'on appelait la Perse ; de cette union naquit CYRUS, qui devait occuper une si grande place dans l'histoire.

560. — CYRUS II, FILS D'ASTYAGES, n'est connu que par les conquêtes que Cyrus, son allié, entreprit sous son nom. Témoin passif de la gloire d'un héros, il ne prit aucune part aux grands événemens qui, pendant la durée de son règne, changèrent la face de l'Orient.

De 555 à 537. — Menacé d'une guerre formidable contre les Lydiens et les Assyriens, Cyaxare implora le secours de son beau-frère, Cambyse Ier, roi de Perse. Cambyse lui envoya son fils CYRUS, à la tête de trente mille hommes bien disciplinés. Le jeune prince joignit ses troupes à celles de Cyaxare, son oncle, et fut nommé général des deux armées réunies des Mèdes et des Perses.

Marchant de conquêtes en conquêtes, Cyrus triompha successivement des Assyriens, des Lydiens et des Phrygiens ; il soumit également la Syrie et une partie de l'Arabie ; enfin, ayant assiégé Babylone, où régnait Balthazar, ou Labynit, son dernier roi, il se rendit maître de cette capitale et de toute l'Assyrie, et détruisit ainsi le deuxième empire des Assyriens, l'an 538.

536. — Cyaxare étant mort, LA MÉDIE FUT RÉUNIE A LA PERSE, ainsi que tous les états qu'avait conquis CYRUS * comme allié des Mèdes.

La Médie ayant fait partie pendant plusieurs siècles du royaume d'Assyrie, tout ce que nous avons dit de cet empire, sous le rapport des lois, des arts, du culte, etc., peut s'appliquer également aux Mèdes. Nous ajouterons toutefois cette observation : c'est que le faste asiatique, porté déjà à un haut degré lors de l'établissement de l'empire des Mèdes, y fit encore de nouveaux progrès pendant cette dernière période; aussi, perdant avec leur courage et leur énergie leur premier moyen de défense, les Mèdes devaient être assujettis et surpassés par les Perses, qui conservaient encore les mœurs antiques.

---

* Les historiens s'accordent peu sur tout ce qui a rapport à Cyrus. Selon Hérodote, Cyrus succède à *Astyages*, son aïeul, en le dépouillant violemment de ses états. Dans Xénophon, au contraire, Cyaxare II succède à Astyages, et c'est seulement sous le règne de ce prince que Cyrus, son allié, étend par ses conquêtes l'empire des Mèdes, et prépare ainsi sa propre grandeur. Nous avons suivi la version la plus généralement adoptée par les historiens modernes.

Exercices sur les Mèdes.

Dans quelle partie du monde était située la Médie? — A quelle époque les Mèdes formèrent-ils un état particulier? De quel royaume faisaient-ils partie avant ce temps?

ÉPOQUES REMARQUABLES.

(Voir le tableau, *quatrième colonne.*)

Quel fut le premier roi des Mèdes? — Comment gouverna Déjocès au commencement de son règne? — Quelle ville fut fondée par lui? — Quelle description les historiens font-ils d'Ecbatane? — Comment gouverna ce prince à la fin de son règne?

Quel fut l'allié de Cyaxare II, roi de Médie? — De qui Cyrus était-il fils? — Lequel de Cyaxare ou de Cyrus se rendit célèbre par ses conquêtes?

Quel prince se rendit maître de Babylone, et détruisit le deuxième empire des Assyriens?

A quel royaume fut réunie la Médie? — Quel prince réunit et gouverna ces différens états? — Quel nouveau royaume fut formé de leur réunion?

DES PERSES.

La Perse, avant Cyrus, était un petit royaume voisin de l'Assyrie ; le mont Taurus la partageait dans toute sa longueur.

Après la mort de Cyaxare II, roi de Médie, Cyrus ayant réuni sous sa domination les Mèdes, les Perses et tous les peuples vaincus par ses armes, il se trouva SEUL POSSESSEUR D'UN VASTE EMPIRE compris entre la mer Caspienne, la mer des Indes, le golfe Persique et la Méditerranée*.

Époques remarquables de l'histoire des Perses, de 536 à 485.

(Voyez le tableau **.)

536. — La monarchie des Perses était, dit-on, une des plus anciennes du monde ; mais sans illustration et presque inconnue, elle ne devint cé-

* Voyez la carte. — La Perse, au temps de Cyrus, répond à la Perse d'aujourd'hui et à une partie du pays des Tartares Usbecks.

** Les cinq empires égyptien, phénicien, assyrien, mède et perse, qui, sur le tableau, étaient compris dans les *cinq premières colonnes*, n'en forment plus ici *qu'une seule*, afin d'indiquer la fondation du royaume de Perse par Cyrus, qui réunit ces différens pays sous sa domination.

lèbre et ne prit rang dans l'histoire que sous Cyrus, qui doit être considéré comme le premier roi et le véritable fondateur de cet empire, le plus étendu qui eût existé jusque alors.

Cyrus divisa son royaume en cent vingt provinces ou satrapies, dont les principales étaient la Perse, la Médie, l'Assyrie, la Phénicie, l'Egypte, etc. (*Voyez le tableau.*) Pour faciliter la communication dans un si vaste empire, il institua les postes, dont l'usage était alors inconnu.

Un des premiers actes du gouvernement de Cyrus fut l'édit célèbre qui rendait la liberté aux Juifs captifs à Babylone depuis 70 ans, et leur permettait de retourner à Jérusalem.

535, etc. — On dit que, poursuivant le cours de ses conquêtes, Cyrus remplit l'Asie de la gloire de son nom et du bruit de ses armes ; mais le détail de ses derniers exploits est peu connu ; les historiens, dans leurs récits, diffèrent sur tous les points.

530. — MORT DE CYRUS. — Les historiens ne s'accordent pas plus sur le genre de mort de Cyrus que sur les qualités de ce prince et les événemens de son règne. Selon Xénophon, le héros persan termina dans son lit sa glorieuse carrière ; Hérodote prétend au contraire que, victime de son insatiable ambition, ce prince, occupé sans cesse de nouvelles conquêtes, fut défait par *Tomyris*, reine des Messagètes, et périt dans une bataille.

Ce qu'on peut regarder comme certain parmi tant de contradictions, c'est que Cyrus fut le fondateur d'un vaste empire. Son courage, son habileté, la discipline de ses troupes, lui procurèrent des succès brillans et rapides, qui étendirent sa domination jusqu'à la mer Caspienne et à l'Archipel. Mais ces brillantes conquêtes firent la gloire du monarque et non le bonheur des peuples. Corrompus par le luxe des Mèdes, les Perses s'amollirent au sein du repos et des richesses.

Le royaume fondé par Cyrus était le plus florissant et le plus étendu de toute l'Asie; mais une décadence générale devait suivre le développement rapide que cette puissance avait acquis sous l'influence d'un grand homme.

530. — Cambyse, fils et successeur de Cyrus, parut un monstre sur le trône que son père avait occupé avec tant d'éclat. En 525 il entreprit de soumettre l'Egypte, que Cyrus avait conquise, mais qui depuis avait secoué le joug; il détrôna *Psamménit*, fils d'*Amasis*, et se rendit odieux par sa tyrannie et ses excès; il se flattait de conquérir de même l'Ethiopie, mais une conspiration se forma contre lui; il allait se venger, lorsqu'il mourut d'un accident.

522. — Un mage, sous le nom du prince Smerdis, avait usurpé la couronne. L'imposture fut découverte, on le tua. — Darius, fils d'Hystaspe, le remplaça alors; mais imitant le despotisme et la témérité de Cambyse, il se rendit odieux lui-même. Après avoir tenté sans succès une expédition contre les Scythes, nation pauvre et indomptable, il forma le projet d'attaquer la Grèce, dont il méditait la conquête depuis le commencement de son règne.

L'histoire des Perses sera liée désormais à celle de la Grèce. Afin de rendre plus faciles les rapports qui s'établirent à cette époque entre les deux nations, et par conséquent entre les deux histoires, nous joindrons à ce dernier chapitre la nomenclature des princes qui occupèrent successivement le trône de Perse, avec l'indication des principaux événemens auxquels prirent part en même temps et les Persans et les Grecs depuis Cyrus jusqu'à la mort d'ALEXANDRE. (*Voyez le tableau, page* 56.)

GOUVERNEMENT DES PERSES. — Le gouvernement était monarchique : sous Cyrus et sous Cambyse il devint absolu ou despotique. Nous devons remarquer ici que c'est en Asie qu'a pris naissance le despotisme, gouvernement odieux qui soumet à la volonté d'un seul les biens et la vie de tous. Sous Darius et ses successeurs, l'autorité des rois fut contre-balancée par la puissance des *satrapes*, ou gouverneurs des provinces.

FINANCES. — Les revenus du roi consistaient en taxes que le peuple s'imposait volontairement, et surtout en tributs que payaient les pays conquis. Les premiers impôts réguliers furent établis par Darius.

JUSTICE. — Les rois rendaient eux-mêmes la justice, mais dans les affaires graves seulement ; les autres étaient décidées par des juges royaux. Dans les jugemens prononcés contre les coupables, on admettait comme compensation de leurs délits les services rendus par eux à l'état.

Armées persanes. — Elles se composaient de quatre corps différens : l'infanterie pesamment armée, l'infanterie légère, la cavalerie, les archers et les frondeurs. Les armes défensives des Perses consistaient dans des cuirasses, des brassards ; leurs armes offensives étaient le cimeterre, le javelot ou demi-pique, l'arc et la flèche.

Les jeunes gens étaient élevés, jusqu'à l'âge de seize ans, dans des écoles où on les habituait aux exercices de la guerre et à une vie dure et laborieuse ; devenus soldats, ils soutenaient la fatigue et bravaient le danger avec courage.

Les Persans toutefois furent inférieurs aux Grecs pour la discipline, la tactique * et les armes.

Religion. — Les Perses reconnaissaient l'unité de Dieu. Le soleil qu'ils semblaient adorer, le feu sacré qu'ils conservaient soigneusement, n'étaient pour eux que les symboles de la puissance divine. On ne voyait chez eux ni temples ni simulacres : ils prétendaient que l'on insultait à la divinité en l'enfermant dans une enceinte de murailles. Cette religion, toute pastorale et sans mélange de superstition, avait été établie par *Zoroastre*, ancien législateur des Perses.

Vers l'an 589. — Un nouveau système religieux fut apporté de la Médie par un *second Zoroastre*,

---

* L'art de ranger des troupes en bataille et de faire des évolutions militaires.

qui le communiqua aux castes supérieures et en forma ce que l'on nomme la religion *médo-persique* ou le *magisme*.

Cette nouvelle doctrine établissait deux principes par lesquels s'expliquait l'origine du mal et du bien. Le bon principe était *Oromaze*; le mauvais principe *Ahrimane*. Le premier était l'être suprême, créature de la lumière; le second, né des ténèbres, était l'auteur du mal.

Les prêtres, connus sous le nom de *mages*, se rendaient respectables par la science et par des mœurs austères; mais, comme les prêtres égyptiens, ils avaient acquis trop de pouvoir, et pour le conserver ils s'entouraient de mystères.

Les philosophes grecs respectaient beaucoup l'école des mages. Pythagore, dit on, y puisa une partie de sa doctrine.

La législation des Perses était d'accord avec leur religion; elle inspirait l'horreur du vice et l'amour de la vertu. Les lois punissaient l'ingratitude; le mensonge était une infamie, l'oisiveté n'était pas permise.

L'agriculture était spécialement honorée en Perse; on regardait comme un devoir de religion de féconder la terre, source d'abondance et de prospérité.

Des lois si sages devaient rendre les peuples heureux et respectables; mais bientôt tout dégénéra : le repos affaiblit le courage; le luxe corrompit les mœurs; les rois devinrent despotes, et les sujets esclaves.

Les philosophes regardent l'esprit de servitude

comme une des premières causes de la ruine des Perses. La grande nation, en effet, en perdant sa force et son énergie, devint incapable de lutter avec avantage contre ce peuple grec, habitant d'une petite contrée, mais dont l'unique mobile était alors l'amour de la gloire et de la liberté.

Exercices sur les Perses.

Où était située la Perse? — Était-elle voisine de la Médie? — Quelles mers l'environnaient?

ÉPOQUES REMARQUABLES.

(Voyez le tableau, *cinquième colonne*.)

A quelle époque la monarchie des Perses commença-t-elle à devenir célèbre? — Quel fut le véritable fondateur de cet empire? — En combien de provinces ou *satrapies* Cyrus divisa-t-il son empire? — Connaît-on avec quelque certitude le détail des exploits de Cyrus? — Connaît-on mieux ses qualités et le genre de sa mort? — Les historiens s'accordent-ils sur tous ces points? — Que sait-on de certain sur ce prince? — Ses conquêtes eurent-elles quelque influence sur le bonheur de ses peuples?

Cette époque brillante ne fut-elle pas suivie d'une décadence générale?

Quel prince succéda à Cyrus? — De quelle manière gouverna Cambyse? — De quel royaume s'empara-t-il? — Comment mourut-il?

Quel fut le successeur de Cambyse? — Darius ne fit il pas la guerre aux Grecs? — Depuis le règne de ce prince jusqu'au règne d'Alexandre, l'histoire des Perses n'a-t-elle pas de continuels rapports avec l'histoire de la Grèce?

Quel était le gouvernement des Perses? — Qu'est-ce qu'un gouvernement despotique? — Quelle était la religion des Perses ? — Comment se nommaient leurs prêtres ?

Observation sur le tableau des rois de Perse.

A la suite de cet exercice, on trouvera le *tableau des rois de Perse*, qui doit servir aux rapprochemens de l'histoire de ce peuple et de l'histoire grecque.

Il serait à désirer que l'élève pût le copier, ce moyen étant le meilleur pour en fixer les dispositions dans la mémoire.

On observera que les articles en caractères *italiques* indiquent un fait en rapport avec l'histoire grecque.

Le tableau des rois de Perse servira, en quelque sorte, de préparation à l'histoire de la Grèce, en présentant d'avance, et classées dans l'ordre chronologique, plusieurs époques remarquables de cette dernière histoire.

Le maître pourra faire apprendre le tableau par cœur, s'il le juge convenable ; dans ce dernier cas, on ferait l'exercice qui suit ce tableau, page 58.

TABLEAU DES ROIS DE PERSE,

Depuis CYRUS jusqu'à ALEXANDRE LE GRAND,

Pour servir aux rapprochemens de l'Histoire des Perses et de l'histoire grecque, de 536 *à* 33 *avant J.-C.*

SIÈCLES avant J.-C.	ANNÉES de l'avénement.	NOMS DES ROIS DE PERSE.	ÉVÉNEMENS REMARQUABLES. Les événemens communs aux *Perses* et aux *Grecs* sont en caractères italiques.
6^{e}	536.	CYRUS LE GRAND.......	Devenu maître de l'Asie par ses conquêtes, Cyrus fonde l'empire des Perses.
»	530	Cambyse, fils de Cyrus..	Conquête de l'Égypte.
»	522.	Smerdis, usurpateur.	
»	522.	Darius Ier, fils d'Hystaspe.	*Première guerre médique, ou guerre contre les Grecs. — Les Perses vaincus à Marathon.*
5^{e}	485.	Xerxès le Grand, fils de Darius.	*Deuxième guerre contre les Grecs. — Combats des Thermopyles, de Salamine, de Mycale. — Bataille de Platée. — Les Perses vaincus.*
»	465.	Artaxerxès Ier, *Longue-main*, fils de Xerxès....	*Il donne asile au Grec Thémistocle. — Troisième guerre contre les Grecs, dirigée par Cimon, général athénien.—Traité avec Cimon.—Fin de la guerre médique.*

»	424.	Xerxès II, fils d'Artaxerxès	Détrôné par Sogdien, après deux mois de règne.
»	424.	Sogdien...............	Détrôné par Ochus, après sept mois de règne.
»	424.	Ochus ou Darius Nothus.	Décadence de l'empire.
»	404.	Artaxerxès II, *Mnémon*, fils de Darius Nothus..	*Cyrus, frère d'Artaxerxès, se révolte contre lui.—Expédition des Grecs en Asie comme alliés de Cyrus.—Retraite des dix mille, en 401.—Guerre contre Agésilas, roi de Sparte.—Traité d'Antalcidas avec les Grecs, en 388.*
4e	360.	Artaxerxès III, Ochus, fils d'Artaxerxès II........	Conquête de l'Égypte, qui une seconde fois est réunie au royaume de Perse. — *Les Grecs prennent part à cette dernière guerre comme auxiliaires des Perses.*
»	338.	Arsès, fils d'Artaxerxès Ochus...............	Détrôné et tué par Bagoas, après deux ans de règne.
»	336.	Darius Codoman, descendant de Darius Nothus..	*Guerre contre Alexandre, roi de Macédoine.—Darius est vaincu et détrôné, en 331. En lui finit la monarchie des Perses, fondée par Cyrus, après avoir duré 205 ans.*
»	331.	ALEXANDRE LE GRAND, fils de Philippe, roi de Macédoine.	*Réunion de la Perse, de la Grèce et de la Macédoine sous la domination d'*ALEXANDRE.

Peu de temps après la mort d'Alexandre, la Perse fut démembrée, et concourut, comme les autres états de l'Asie conquis par les Grecs, à la formation de nouveaux royaumes que se partagèrent les généraux d'Alexandre.

Environ trois siècles après ce partage, la Perse ou les états qui en avaient été formés passèrent sous la DOMINATION DES ROMAINS

Exercices sur le tableau des rois de Perse.

(Voir ce tableau à la page précédente.)

On pourra, à volonté, faire ou supprimer cet exercice.

Le but de ce tableau étant de disposer à l'étude de l'histoire grecque, les questions porteront *principalement* sur les faits communs aux Perses et aux *Grecs*, et qui sont indiqués en caractères *italiques*.

En quelle année *Cyrus le Grand* fonda-t-il l'empire de Perse? — Quel roi fit le premier la guerre aux Grecs? — En quelle année? — Quel fut pour les Perses le résultat de cette première expédition? — Où furent-ils vaincus?

Quel fut le successeur de Darius? — *Xerxès* fit-il aussi la guerre aux Grecs? — Quels furent les principaux événemens de cette guerre? — Quel en fut le résultat?

Quel fut le successeur de Xerxès? — En quelle année régna *Artaxerxès?* — Quels furent ses rapports avec les Grecs? — Quel général lui fut opposé? — Avec qui traita-t-il? — La guerre médique se termina-t-elle sous le règne d'Artaxerxès Ier, dit *Longuemain?*

A quelle époque commença la décadence de l'empire des Perses?

A quelle époque régna Artaxerxès II (*Mnémon*)? — Quelle expédition eut lieu à l'occasion de la révolte de Cyrus, frère d'Artaxerxès? — Comment désigne-t-on la *retraite des Grecs?*

Quel traité fut conclu entre les Perses et les Grecs l'an 388?

En quelle année *Darius Codoman* fit-il la guerre à Alexandre, roi de Macédoine?

Que lui arriva-t-il? — La monarchie des Perses ne fut-elle pas détruite alors? — Combien avait-elle duré depuis la fondation de cet empire par Cyrus jusqu'à la conquête de la Perse par Alexandre? — Sous quelle domination passa alors la Perse?

Après la mort d'Alexandre, que devint le royaume de Perse? — Trois siècles après le partage de l'empire d'Alexandre, sous quelle domination nouvelle passa encore la Perse?

EXERCICE GÉNÉRAL

SUR LA PREMIÈRE PARTIE DE L'HISTOIRE ANCIENNE

Ou récapitulation des principales époques indiquées sur le tableau des anciens peuples.

On se rappellera que l'élève, avant de faire ce dernier exercice, devra s'y préparer, premièrement, en lisant d'avance les questions indiquées dans ce même exercice; secondement, en examinant de nouveau et avec attention le tableau auquel elles se rapportent, afin de calculer d'avance *la distance d'une époque à une autre*, ainsi que *les rapprochemens entre les différens peuples.*

NOTA. On pourrait revoir encore ici l'explication donnée à ce sujet page 11.

Ce dernier exercice offrant quelques difficultés, il serait à propos de le faire une première fois avec le tableau sous les yeux; on le ferait une seconde fois de mémoire.

Première partie du tableau. — De l'année 2467 jusqu'en 759 avant J.-C.

(Voir le tableau, page 16.)

Quel fut le premier roi d'Egypte? — De Ménès à Sésostris, combien s'écoula-t-il de siècles? — Sésostris ne fut-il pas le monarque le plus célèbre des Egyptiens?

Quel fut le fondateur du royaume d'Assyrie?

Dans quel siècle vécurent Ninus et Sémiramis? — Quel peuple gouvernaient-ils? — Ninus régna-t-il *avant* ou *après* Sésostris, roi d'Egypte? — A combien de siècles de distance?

Dans quel siècle fut fondée Athènes? Dans quel

pays? — Dans quel siècle et dans quel pays fut fondée Sparte? — Ces deux villes de la Grèce furent-elles fondées avant ou après Carthage? — A quelle époque fut fondée Carthage? — Par qui? — Dans quelle partie du monde?

Dans quel siècle eut lieu la guerre de Troie? — Dans quel pays était située cette ville * ?

Lycurgue, législateur de Sparte, vivait-il avant ou après la guerre de Troie? — A combien de siècles de distance?

De quel peuple *Sardanapale* était-il roi? — Que lui arriva-t-il? — Vivait-il avant ou après Pygmalion, roi de Tyr?

La première *olympiade* fut-elle célébrée *avant* ou *après* la guerre de Troie? — A quelle époque précisément ** ?

Deuxième partie du tableau. — De l'année 754 à 525 avant J.-C.

(Voir le tableau, page 18.)

En quel siècle, en quelle année fut fondée la ville de Rome? — Par qui fut-elle fondée?

La ville de Byzance fut-elle fondée avant ou après Rome? — A combien d'années d'intervalle? — Dans quel pays? — Quel nom porte aujourd'hui Byzance?

---

* Dans l'Asie-Mineure.

** Dans cet exercice, on n'a pas indiqué des questions sur *chaque article* du tableau, mais seulement sur les époques les plus remarquables. Le maître, s'il le juge convenable, pourra étendre davantage ses interrogations. Il lui suffira pour cela d'ajouter ces mots à chaque article du tableau (qui ne serait pas mentionné dans cet exercice) : *Dans quel siècle? — Chez quel peuple? — Dans quelle partie du monde?* L'élève trouvera la *première réponse* dans la colonne *des siècles;* les *deux dernières* dans le haut du tableau, où sont indiqués *les noms des peuples* et la *partie du monde* à laquelle ils appartiennent.

En quelle année régna Nabonassar? — Dans quel pays? — Ce prince parut-il avant ou après Nabuchodonosor II?

A quelle époque Psammétichus régna-t-il en Egypte? — Quel prince après lui s'illustra dans ce pays?

En quelle année parut Solon, législateur d'Athènes? — Vécut-il avant ou après Numa, roi et législateur des Romains? — A combien de siècles ou d'années d'intervalle?

En quelle année Cyrus le Grand fonda-t-il le royaume de Perse? — Ce conquérant illustre n'était-il pas contemporain de Tarquin le Superbe, roi de Rome, c'est-à-dire ne vécut-il pas dans le même temps?

En quelle année la royauté fut-elle abolie à Athènes? — Fut-elle abolie à Rome après ou avant cette époque (510)?

Amasis, roi d'Egypte, ne vécut-il pas dans le même siècle que Cyrus? — Par qui l'Egypte fut-elle conquise? — Que devinrent l'Egypte, la Phénicie, l'Assyrie et la Médie dans l'année 525?

Nota. *Cet exercice général, composé de questions détachées, pourrait servir aux examinateurs, qui jugeraient promptement ainsi du degré d'instruction des élèves et des résultats de cette méthode.*

Un exercice semblable se trouve à la suite de l'histoire grecque; il pourrait également, et avec celui-ci, faciliter un examen.

HISTOIRE ANCIENNE.

SECONDE PARTIE,

COMPRENANT

L'HISTOIRE GRECQUE.

ÉTUDE DE L'HISTOIRE GRECQUE.

L'élève apprendra d'abord *les notions géographiques sur l'ancienne Grèce;* en même temps il cherchera sur la carte (jointe à ce volume) les noms des différens pays, des mers, des îles, etc., mentionnés dans ce chapitre.

On fera ensuite l'exercice indiqué sur les notions géographiques.

Cet exercice terminé, l'élève passera à l'étude de l'*histoire grecque*, qui se fera ainsi qu'il suit :

Il apprendra d'abord le chapitre intitulé *enfance du peuple grec.* Là, il verra que l'histoire grecque est divisée en trois époques, savoir: Première époque, *temps fabuleux*; deuxième époque, *temps héroïques*; troisième époque, *temps historiques.*

Les *deux premières époques* appartenant plus à la fable qu'à l'histoire, elles ont été présentées très-succinctement.

La *troisième époque*, comme la plus importante, exigeait plus de détails; elle aura par conséquent plus d'étendue.

Etude des deux premières époques.

Un tableau chronologique est placé en tête de chacune de ces époques.

L'élève devra *copier* ce tableau, ou au moins l'apprendre par cœur.

Il apprendra ensuite le chapitre qui correspond au tableau, c'est-à-dire, pour la première époque, le chapitre intitulé comme le tableau : *temps fabuleux.*

Pour la seconde époque, le chapitre intitulé *temps héroïques*

A l'article *époques remarquables*, l'élève verra que les *dates* et les mots en *gros caractères* où se retrouvent cette même date et l'indication du même fait correspondent au tableau.

La première et la seconde époque étant apprises de cette manière, on fera ensuite les exercices qui s'y rapportent.

Il y aura quelque différence dans l'étude de la *troisième époque*, dite des *temps historiques*. Pour éviter toute confusion à cet égard, nous renvoyons plus loin l'explication des règles à suivre pour étudier avec fruit cette dernière partie de l'histoire grecque.

NOTIONS GÉOGRAPHIQUES

SUR L'ANCIENNE GRÈCE,

*Avec l'indication des noms que portent aujourd'hui les différens pays qui la composaient alors *.*

NOMS ANCIENS.	NOMS NOUVEAUX.
La Grèce ancienne.	*Partie méridionale de la Turquie d'Europe.*

SES BORNES.

Au Nord. — L'Illyrie et la Thrace.	*Albanie, Romanie, Bulgarie.*
Au Midi. — La mer de Crète ou mer intérieure.	*Méditerranée.*
A l'Est. — La mer Égée. . .	*L'Archipel.*
A l'Ouest. — La mer Ionienne.	*Mer de Grèce.*

SES DIVISIONS.

SIX PARTIES PRINCIPALES.	
1. La Grèce proprement dite.	*Turquie d'Europe.*
2. L'Epire.	
3. La Macédoine.	
4. La Thessalie.	
5. Le Péloponèse.	*La Morée.*
6. Les Iles.	

* L'élève cherchera sur la carte jointe à ce volume les principaux états mentionnés dans cette notice.

SUBDIVISION

DES DEUX PARTIES PRINCIPALES.

(*La Grèce proprement dite et le Péloponèse.*)

NOMS ANCIENS.	NOMS NOUVEAUX.
LA GRÈCE *proprement dite comprenait :*	
L'Acarnanie.	La Livadie.
L'Etolie	
La Doride.	
La Phocide. . . . . Ville principale : Delphes.	
La Locride *.	
La Béotie. . . . . Capitale : Thèbes.	
L'Attique. . . . . Capitale : Athènes.	
LE PÉLOPONÈSE, *presqu'île réunie à la Grèce par l'isthme de Corinthe, comprenait :*	
L'Achaïe.	La Morée.
L'Elide.	
L'Arcadie	
L'Argolide. . . . . Capitale : Argos.	
La Messénie.	
La Laconie. . . . . Capitale : Sparte.	

* Au nord de la Locride se trouven *les Thermopyles*, célèbres par la mort de Léonidas.

Dans l'Attique était le bourg de *Marathon*, illustré par la victoire de Miltiade sur les Perses.

Leuctres, dans la Béotie, et *Mantinée*, dans l'Arcadie, étaient célèbres par les victoires d'Epaminondas.

PRINCIPALES ILES

DÉPENDANT DE LA GRÈCE.

Dans la mer Ionienne.	Aujourd'hui mer de la Grèce.
Corcyre	*Corfou.*
Céphalène.	*Céphalonie.*
Leucade.	*Idem.*
Zasinte.	*Zante.*
Dans la mer Égée.	L'Archipel.
Eubée	*Négrepont.*
Salamine.	*Coluri.*
Lemnos.	*Stalimène.*
Lesbos.	*Métélin.*
Delos.	*Sdiles.*
Dans la mer intérieure.	Méditerranée.
L'île de Crète.	*Candie.*
Cythère	*Cérigo.*
Cypres.	*Idem.*
Rhodes.	*Idem.*

COLONIES GRECQUES.

Dans l'Asie-Mineure.	Turquie d'Asie.
L'Éolie.	*Anatolie.*
L'Ionie.	
La Doride.	

En Italie.	Italie.
Un grand nombre de colonies grecques s'établirent dans l'Italie méridionale, qui prit le nom de *Grande-Grèce*. . .	*Calabre.*
Dans les Gaules.	France.
La ville de Marseille était une colonie des Phocéens, ou habitans de la Phocide.	*Marseille.*

Exercice sur les notions géographiques de l'ancienne Grèce.

Quelles étaient les bornes de l'ancienne Grèce, c'est-à-dire de quels pays, de quelles mers était-elle environnée? — Au nord? — Au midi? — A l'est? — A l'ouest?

Indiquez sur la carte les bornes de la Grèce.

Comment se nomme aujourd'hui la *mer intérieure?*

Comment se nomme *la mer* Egée *?

Division de la Grèce.

En combien de parties principales se divisait la Grèce? — Nommez ces différentes parties.

Quel pays forme aujourd'hui l'ancienne Grèce?

Comment se nomme aujourd'hui le Péloponèse?

Subdivision de la Grèce et du Péloponèse.

En combien de parties était divisée la Grèce proprement dite? — Nommez-les.

* Pour la correspondance des noms anciens aux noms nouveaux, on n'a indiqué que les questions les plus essentielles.

Quelle était la ville principale de la Phocide?
Quelle était la capitale de la Béotie?
Quelle était la capitale de l'Attique?
Qu'était-ce que le Péloponèse? — Comment le Péloponèse était-il réuni à la Grèce? — En combien de parties était-il divisé? — Nommez-les.
Quelle était la capitale de l'Argolide?
Quelle était la capitale de la Laconie

Les Iles.

Quelles étaient les principales îles de la Grèce dans la mer Ionienne? — Et dans la mer Egée? — Quel nom porte l'île de Corcyre? — Et l'île d'Eubée?
Quelles sont les principales îles de la mer intérieure*? — Quel nom porte aujourd'hui l'île de Crète?

Colonies grecques dans l'Asie mineure.

Quelles étaient les colonies grecques de l'Asie mineure? — A quel pays répond aujourd'hui l'Asie mineure?
Dans quel pays les Grecs avaient-ils encore des colonies? — Comment nommait-on cette partie de l'Italie où ils s'établirent? — Comment la nomme-t-on aujourd'hui?
Les Grecs avaient-ils des colonies dans les Gaules?
Quel peuple de Grèce avait formé cette colonie?

---

* La mer intérieure, dans cette partie, se nommait mer de Crète.

HISTOIRE GRECQUE.

ENFANCE DU PEUPLE GREC.

La Grèce, ce pays si justement célèbre, fut longtemps obscur et habité par des sauvages. L'Egypte et la Phénicie jouissaient déjà de tous les avantages de la civilisation, que les Grecs, sans chefs, sans discipline, erraient encore au hasard, environnés de périls et de besoins. Réduits en quelque sorte à l'instinct des animaux, ils ne connaissaient pas le mariage, et ignoraient même l'usage des alimens convenables à l'homme : un tel spectacle est affligeant sans doute pour l'humanité; mais il nous apprend toutefois ce que nous devons aux lois, aux arts et à l'éducation, sans lesquels tous les peuples seraient restés dans cet état d'abrutissement.

Quelques colonies venues d'Égypte et de Phénicie changèrent la face de la Grèce : elle reçut des Phéniciens la science du commerce et de la navigation; les Chaldéens lui apprirent l'astronomie et l'astrologie; bientôt elle surpassa ses maîtres, et l'on vit les petits états qui la partageaient peuplés de héros remplis de talens, résister aux plus grands empires, les combattre et les subjuguer.

Nous diviserons l'histoire grecque en trois époques, savoir :

1re ÉPOQUE. — *Temps fabuleux*, de l'an 2000 avant J.-C. à 1600. Période de *quatre siècles.*

2e ÉPOQUE. — *Temps héroïques*, de 1600 à 876. Période de *sept siècles environ.*

3e ÉPOQUE. — *Temps historiques*, de 876 à l'an 146 avant J.-C.
Période de *sept siècles;* en tout *dix-huit siècles.*

TABLEAU DE LA PREMIÈRE ÉPOQUE.

TEMPS FABULEUX.

De l'an 2000 avant J.-C. à 1600.

Période de quatre siècles.

SIÈCLES av. J.-C.	ANNÉES.	ÉPOQUES REMARQUABLES.
21e..	2000 *.	*Uranus*, père de Saturne et de Titan, établit sa domination dans la Grèce jusqu'alors inconnue.
20e..	1986..	*Inachus*, Égyptien, fonde le royaume d'Argos.
»	1914..	*Saturne*, fils d'Uranus, règne en Crète et en Italie.
19e..	1842..	Partage de l'empire de Saturne entre ses fils. *Jupiter* règne en Thessalie. *Pluton* en Occident. *Neptune* sur les côtes maritimes.
18e..	1764..	Déluge d'Ogygès, inondation de l'Attique.
17e..	1680, etc.	*Prométhée* fait sortir les Grecs de la barbarie. On lui attribue la découverte du feu.

* Chaque date de ce tableau correspond à une date semblable dans le chapitre suivant, qui lui sert d'explication.

PREMIÈRE ÉPOQUE.

TEMPS FABULEUX.

On ne rencontre que fictions et incertitudes dans tous les faits qui appartiennent aux deux premières époques de l'histoire grecque, et surtout à la première, dite des *temps fabuleux*. Les Grecs, il est vrai, ont sur les autres peuples l'avantage d'avoir rendu intéressans les prodiges qu'ils ont inventés, comme les grandes actions qu'ils ont faites. Il est donc nécessaire de connaître leurs fables; mais c'est dans la Mythologie et non dans l'histoire qu'il faut les étudier. Nous nous bornerons ici à donner une courte explication des principales époques indiquées sur les deux premiers tableaux.

Époques remarquables. — De l'année 2000 avant J.-C. à 1600.

(Voyez le tableau des temps fabuleux.)

2000 *. — *Uranus*, à la tête d'une colonie égyptienne, pénétra, dit-on, dans la Grèce, qui était

* Cette date correspond à la première date du tableau.

restée inconnue jusqu'alors. Il rassembla des peuplades errantes, leur enseigna quelques arts utiles et leur donna enfin un commencement de civilisation. Titan et Saturne, ses fils, le détrônèrent et régnèrent à sa place.

1986. — INACHUS, Égyptien ou Phénicien d'origine, fut, dit-on, le FONDATEUR DU ROYAUME D'ARGOS. Étant venu avec une colonie s'établir dans le pays appelé depuis *Argolide*, il exerça quelque autorité sur un peuple encore sauvage. Ses fils et petit-fils, nommés *Inachides*, firent plusieurs fondations.

1914. — SATURNE, fils d'Uranus, après avoir détrôné son père, régna dans la Grèce, et travailla comme lui à la civilisation des *Pélages* ou anciens Grecs. Mais il fut détrôné à son tour par son fils Jupiter, et se réfugia alors en Italie, où Janus, roi du Latium, l'associa au trône. Son règne, doux et heureux pour les peuples, est désigné dans la fable sous le nom de l'*âge d'or*.

1842. — Après avoir détrôné son père et vaincu les Titans, JUPITER partagea l'empire avec ses frères PLUTON et NEPTUNE. Ceux-ci eurent les états situés en Occident et sur les côtes de la Méditerranée. Jupiter s'étant réservé l'Orient, c'est-à-dire la Grèce, fut, dit-on, roi et législateur de ce pays.

Pour se rendre plus respectable, Jupiter établit sa demeure sur le mont Olympe, où il fut adoré comme un Dieu.

1764. — DÉLUGE D'OGYGÈS. — Ogygès était roi de l'Attique et de la Béotie : on dit que sous son règne une grande inondation submergea ses états.

Les historiens ne sont pas d'accord sur cet événement.

1680. — PROMÉTHÉE, originaire de la Scythie, contribua, dit-on, à faire sortir les Grecs de la barbarie : on lui attribuait la découverte du feu, c'est-à-dire le secret de tirer des étincelles du sein des cailloux, d'où l'on a imaginé dans la fable qu'il avait *volé le feu du ciel.* On dit que les Grecs, reconnaissant des progrès que Prométhée avait fait faire à la civilisation, lui élevèrent des autels, et instituèrent des jeux en son honneur.

Nota. Cette première époque, nous le répétons ici, est presque entièrement fabuleuse : nous y remarquerons seulement, comme appartenant à l'histoire, *la fondation du royaume d'Argos*, époque la plus ancienne de la civilisation grecque.

CULTE DES ANCIENS GRECS. — Les Pélages ou les plus anciens Grecs adoraient des êtres supérieurs à l'humanité, qu'ils regardaient comme auteurs et organisateurs de l'univers. Ils ne leur donnaient d'autres noms que celui *des dieux* en général. On adressait *aux dieux* des prières et on leur offrait des sacrifices ; des *oracles* enfin étaient leurs interprètes et faisaient connaître aux hommes leurs volontés.

Plus tard, Jupiter, Cérès, Bacchus, Mars, Minerve, Apollon, furent pour les Grecs autant de divinités, dont les principaux temples étaient ceux de Jupiter Olympien, en Élide ; d'Apollon, à Delphes ; de Minerve, à Athènes ; et celui de Diane, à Éphèse. Les Grecs sacrifiaient à leurs dieux des animaux, et on voit à regret que quelquefois encore ils leur offraient des victimes humaines.

La religion des Grecs subit plusieurs modifications : les Égyptiens, les Phéniciens, les Phrygiens, etc., en s'établissant successivement dans la Grèce, y propagèrent les croyances et le culte de leurs pays respectifs.

Exercices sur les divisions de l'histoire grecque.

En combien d'époques divise-t-on l'histoire grecque?

Comment désigne-t-on la première époque? — En quelle année a-t-elle commencé? — En quelle année a-t elle fini?

Combien de siècles comprend cette première période?

Comment désigne-t-on la deuxième époque? — En quelle année a-t-elle commencé? — En quelle année a t-elle fini?

Combien de siècles a-t-elle duré?

Comment enfin désigne-t-on la troisième époque? — En quelle année a-t-elle commencé? — En quelle année a-t-elle fini?

Combien de siècles a-t-elle duré?

Les deux premières époques n'appartiennent-elles pas à la fable plutôt qu'à l'histoire?

La troisième époque est donc la seule qui mérite de fixer notre attention?

Exercices sur la première époque, dite des temps fabuleux.

En quelle année a commencé cette première époque dite des temps fabuleux?

Où devons-nous étudier l'histoire de ces premier temps, est-ce dans la mythologie ou dans l'histoire?

Pourquoi veut-on connaître les fables des Grecs?

A quelle époque dit-on qu'*Uranus* pénétra dans la Grèce? — Travailla-t-il à la civilisation du peuple grec? — Par qui fut-il détrôné? — *Saturne* ne fut-il pas détrôné à son tour, et par qui? — Où se réfugia-t-il alors?

Comment Jupiter partagea-t-il l'empire? — A quelle époque fixe-t-on le déluge d'Ogygès? — Les historiens sont-ils d'accord sur cet événement?

A quel personnage attribue-t-on la découverte du feu?

Dans cette époque toute fabuleuse, se trouve-t-il quelque fait qui appartienne à l'histoire?

Combien de siècles avait duré cette première époque?

TABLEAU DE LA DEUXIÈME ÉPOQUE,

DITE DES TEMPS HÉROÏQUES.

Fondation des différens états de la Grèce, de 1600 jusqu'en 876 avant J.-C.

Période de sept siècles.

SIÈCLES av. J.-C.	ANNÉES	ÉPOQUES REMARQUABLES
16e..	1582..	*Cécrops*, Égyptien, fonde le royaume d'Athènes.
»	1529..	Déluge de Deucalion.
»	1522..	*Amphyction* forme une alliance entre plusieurs villes de la Grèce.
»	1519..	*Cadmus*, Phénicien, fonde Thèbes
»	1516..	*Lelex*, fondateur du royaume de Sparte ou Lacédémone.
»	1511..	*Danaüs*, Égyptien, se rend maître du royaume d'Argos.
»	1506..	*Dardanus* fonde le royaume de Troie, en Asie.
15e..	1434..	*Minos Ier*, roi de Crète, donne de sages lois à ses peuples.
»	1423..	*Érecthée*, roi d'Athènes, institue à Éleusis les mystères de Cérès.
14e.	1362 .	Les Pélopides se rendent maîtres du Péloponèse.

SUITE DU TABLEAU DE LA DEUXIÈME ÉPOQUE.

SIÈCLES av. J.-C	ANNÉES	ÉPOQUES REMARQUABLES
»	1350..	Expédition des Argonautes.
»	1348..	*Persée*, fondateur du royaume de Mycènes.
»	1330..	*Thésée* fonde la grandeur d'Athènes, dont il fut le dixième roi.
»	1328..	*Sisyphe*, regardé comme le fondateur de Corinthe.
»	1321..	Expulsion des Héraclides, ou descendans d'Hercule.
»	1318..	Guerre de Thèbes, entre Étéocle et Polynice.
13e..	1280..	Guerre de Troie, à laquelle prirent part tous les rois de la Grèce.
12e..	1190..	Retour des Héraclides dans le Péloponèse.
»	1132..	*Codrus* est le dernier roi des Athéniens. — Abolition de la royauté. — Création des archontes perpétuels.
10e..	915..	*Homère* travaille à ses poésies, l'Iliade et l'Odyssée.
»	de 910 à 876	Les différens états de la Grèce adoptent successivement le gouvernement républicain.

DEUXIÈME ÉPOQUE.

TEMPS HÉROÏQUES.

L'histoire de ces temps nommés HÉROÏQUES nous présente encore un mélange de fables et de vérités; elle est intéressante toutefois en ce qu'on voit à cette époque se former successivement tous les petits états de la Grèce.

De nouvelles colonies étant venues s'établir dans ce pays, rassemblèrent des hordes errantes, et leur firent connaître les douceurs et les avantages de la vie sociale; la Grèce alors sentit ses forces s'accroître. Ses peuples contractèrent des alliances, ses chefs armèrent pour différentes entreprises; ses arts, ses combats, ses jeux même commencèrent à devenir célèbres, et la nation, en un mot, parut dès lors se disposer à de grandes choses.

Tels sont les traits principaux de cette seconde époque, dans laquelle on aperçoit la transition de l'état de barbarie à celui de civilisation, et le passage de la fable à l'histoire.

Époques remarquables, depuis 1582 jusqu'en 876 avant J. C.

(Voyez le tableau ci-joint des *temps héroïques* *.)

1582 avant J.-C. — CÉCROPS, Égyptien, s'étant emparé de l'Attique, soumit ses habitans moins par la force des armes que par la sagesse de sa clémence; il dépouilla de leur première rudesse les mœurs grossières des Athéniens, et jeta parmi eux les fondemens de la civilisation, en leur donnant une religion et de sages lois.

La Grèce, ainsi que nous l'avons vu, n'avait aucune idée de l'union conjugale : Cécrops institua le mariage et eut aussi la gloire de faire connaître la justice à son peuple, en créant le tribunal de l'Aréopage, célèbre par l'équité de ses jugemens **.

CÉCROPS FUT LE FONDATEUR D'ATHÈNES. — Cette ville, connue d'abord sous le nom de *Cécropie*, devait être un jour la patrie de tous les talens.

Les anciens habitans de l'Attique ne se nourrissaient que de glands; pour remédier à l'aridité du pays, Cécrops forma ses sujets à la navigation, et bientôt des blés apportés d'Afrique assurèrent des subsistances à ce nouveau peuple.

L'olivier, production de l'Égypte, fut naturalisé vers le même temps dans l'Attique; il de-

---

* Pour ce chapitre, chaque date correspond encore au tableau.

** Ce tribunal était ainsi nommé du lieu où il tenait ses séances. C'était une colline près de la citadelle d'Athènes, appelée *Aréopage*, c'est-à-dire colline de Mars.

vint pour ce pays une source de richesses, ce qui le fit considérer sans doute comme un don de Minerve.

Le règne de Cécrops changea la face de la Grèce, et doit être considéré comme une époque très-remarquable dans les fastes de cette nation célèbre.

1529. — La fable place à cette époque le DÉLUGE DE DEUCALION. — Deucalion, fils de Prométhée, était roi de Thessalie. Sous son règne, une inondation dévasta ce pays et obligea le roi de fuir sur le mont Parnasse avec Pyrrha sa femme; tous deux furent sauvés, et repeuplèrent, dit-on, la Thessalie.

Hellen, fils de Deucalion, lui succéda. Quelques auteurs prétendent que ce fut lui qui donna aux Grecs le nom d'*Hellènes* ou *Helléniens*.

1522. — AMPHYCTION, un des successeurs de Cécrops, se rendit célèbre par une alliance qu'il forma entre plusieurs villes de la Grèce. Ce pays peu étendu comptait autant de rois que de peuplades; de là des rivalités, des guerres continuelles. Pour remédier à ce désordre, douze des principales villes se liguèrent ensemble, et leurs députés devaient deux fois par an se rendre aux Thermopyles pour délibérer sur les affaires publiques. Cette réunion fut nommée le CONSEIL DES AMPHYCTIONS, du nom de son fondateur.

C'est le premier exemple d'une confédération et d'une sorte de gouvernement *représentatif*. Cette sage institution conserva pendant plusieurs siècles beaucoup de force et d'indépendance.

La défense du temple de Delphes, consacré à Apollon, était commise spécialement au conseil des Amphyctions.

1519. — CADMUS, Phénicien, fonda la ville et le royaume de THÈBES dans la Béotie. Il introduisit en Grèce la culture de la vigne, l'art de fondre et de travailler les métaux, et enfin l'écriture alphabétique, source des plus vastes connaissances.

Les Grecs donnèrent à ces inventions humaines une origine céleste; recevant tout des étrangers, ils voulaient tout tenir des dieux, non par reconnaissance, mais par vanité. Ce qu'on aperçoit de trop réel parmi tant de fables, ce sont les efforts de la barbarie constamment opposés aux progrès de la civilisation et aux avantages qui en résultent pour la société. C'est ainsi que vers cette époque *Triptolème* courut risque d'être massacré en inspirant aux Grecs le goût de l'agriculture. *Bacchus* s'exposa aux mêmes périls en voulant établir la culture de la vigne. Il est à remarquer que plus les hommes sont malheureux et ignorans, plus ils sont opposés à leurs véritables intérêts.

1516. — LELEX fut le fondateur du royaume de LACÉDÉMONE, connu d'abord sous le nom de Lélégie, puis de Laconie. La ville de Sparte fut bâtie quelque temps après par Eurotas, successeur de Lelex.

1511. — DANAÜS, Égyptien, se rendit maître du royaume d'ARGOS, fondé par Inachus; il enseigna à son nouveau peuple l'agriculture et les arts de la Grèce.

1506. — DARDANUS, Grec d'origine, fonda le royaume de TROIE, situé sur les côtes de l'Asie Mineure, à l'opposite de la Grèce.

1434. — MINOS fut, dit-on, le premier roi de l'ILE DE CRÈTE. On croit qu'il était venu d'Égypte; mais son origine, ainsi que l'époque de son règne, sont également incertaines. Ce prince donna de sages lois à son peuple, et se rendit célèbre par sa justice et sa sévérité. C'est sans doute par ce motif que la fable le représente, dans les enfers, chargé du soin de juger les ombres.

1423. — ÉRECTHÉE, roi d'Athènes, est le premier qui ait tenté de faire défricher et labourer les terres incultes de l'Attique. Cette entreprise ayant eu tous les succès qu'il s'en était promis, il institua à Eleusis les *mystères de Cérès*, à l'imitation de ceux que les Égyptiens célébraient en l'honneur d'Isis. On a lieu de croire que ces mystères, comme ceux des Égyptiens, dévoilaient aux initiés une doctrine fort supérieure aux superstitions vulgaires.

1362. — PÉLOPS était fils de Tantale, prince de Sipyle, dans l'Asie Mineure. A la suite d'une guerre entre son père et Ilus, roi de Phrygie, Pélops, contraint de s'expatrier, vint s'établir dans la Grèce et envahit une grande partie du Péloponèse. Les PÉLOPIDES, ses enfans, assurèrent leur domination dans ce pays. Parmi eux on distinguait Atrée et Thyeste, célèbres par leurs cruautés et par les malheurs de leurs descendans.

1350. — EXPÉDITION DES ARGONAUTES, qui, sous la conduite de Jason, prince de Thessalie, pénétrèrent dans la Colchide * pour enlever la toison d'or. (*Mythologie.*)

1348. — FONDATION DU ROYAUME DE MYCÈNES. — Persée, après avoir tué involontairement son grand-père Acrisius, roi d'Argos, transporta le siége de cet empire à Mycènes.

1330. — THÉSÉE fut le dixième roi d'Athènes; il était parent d'Hercule et marcha sur ses traces. Son règne est une époque très-importante, en ce qu'il donna au gouvernement une forme plus régulière et jeta ainsi les fondemens de la grandeur d'Athènes. Cette ville, augmentée et embellie par les soins d'un grand homme, devint la métropole, c'est-à-dire la capitale de l'état.

Thésée inspira aux Grecs le goût des jeux publics; il rétablit les *Panathénées*, ou fêtes de Minerve, et institua les jeux *isthmiques*, ainsi nommés parce qu'ils se célébraient à l'isthme de Corinthe; il chercha, en un mot, à multiplier ce genre de spectacle, qui, dans le principe, ne fut pas sans avantage pour la nation. Différentes espèces de courses et de combats y formaient le corps, lui donnaient de l'agilité, de l'adresse, de la vigueur, et préparaient ainsi les Grecs aux exercices militaires; l'émulation y était excitée non par l'intérêt, mais par la gloire; une couronne de lauriers était le prix du vainqueur.

Ces jeux rassemblaient les Grecs, suspendaient leurs discordes; toute hostilité cessait entre eux

---

* La Colchide, pays d'Asie, aujourd'hui la *Mingrélie*.

tandis qu'on les célébrait ; le culte qu'ils rendaient à leurs dieux, le récit pompeux des exploits de leurs héros, l'enthousiasme naturel à leur ardente imagination ; tout, en un mot, dans de semblables réunions, contribuait à élever leurs âmes.

Plus tard, nous verrons ces jeux dégénérer en amusemens frivoles et ruineux, et la fureur des spectacles étouffer l'amour du bien public.

Nous n'ajouterons aucun détail sur le règne de Thésée ; il nous a suffi d'indiquer ici l'influence qu'il exerça sur le sort de la Grèce. Cette époque étant plus que tout autre empreinte du merveilleux qui appartient à la fable, nous laisserons aux poètes le récit d'une foule d'événemens étrangers à l'histoire.

1328. — SISYPHE, descendant de Deucalion, est regardé comme le véritable fondateur de CORINTHE ; il embellit cette ville, qui s'était nommée d'abord *Ephira*, et il donna au royaume une nouvelle consistance.

Les anciens auteurs ne s'accordent pas toujours sur l'origine des Corinthiens.

1321. — EXPULSION DES HÉRACLIDES ou descendans d'Hercule. — *Hercule* ou *Alcide*, prince de la famille royale d'Argos, s'était rendu célèbre dans la Grèce par des exploits merveilleux, dont le récit appartient plus à la fable qu'à l'histoire. Il avait été exclu néanmoins de la couronne de Mycènes. Ses fils ayant voulu défendre ses droits par la force des armes, furent vaincus par les Pélopides et chassés du Péloponèse.

1318. — GUERRES DE THÈBES, où sept rois se liguèrent avec Polynice contre Étéocle son frère.

Le siége de Thèbes fut long et opiniâtre; presque tous les chefs des deux partis y périrent. Les deux frères, Étéocle et Polynice, tombèrent sous les coups l'un de l'autre.

De 1280 à 1270. — SIÉGE ET DESTRUCTION DE LA VILLE DE TROIE. — Ce siége mémorable, qui dura dix années, est l'événement le plus remarquable de cette deuxième époque; il est devenu plus célèbre encore pour avoir été chanté par Homère, qui ne vécut toutefois que trois cents ans après la guerre de Troie.

Nous n'entreprendrons pont ici le récit de ce fait important, puisque tout y est altéré par la fable; il nous suffira de savoir que cette expédition fut également nuisible aux vainqueurs et aux vaincus. Tandis que les héros grecs se signalaient dans l'Asie Mineure, pour venger contre les Troyens l'injure d'un roi de Sparte, la Grèce, abandonnée de ses princes, était livrée à d'affreux désordres, qui affaiblissaient les forces de la nation. En un mot, divisés entre eux et victimes de leurs dissensions, les Grecs ne retirèrent de leur entreprise qu'un butin qui fut bientôt dissipé.

Tel fut le résultat d'une guerre longue et cruelle, à laquelle prirent part tous les princes de la Grèce.

Après le siége de Troie, la Grèce retombe dans l'inaction; le fil des événemens semble tout-à-coup interrompu; la civilisation des Grecs s'avance dans le silence, dans l'obscurité, et pendant trois siècles environ nous n'avons plus que des notions vagues et incertaines sur les événemens dont la Grèce fut le témoin. Nous nous bornerons donc à recueillir dans ce long espace le petit nombre de faits marquans et de noms célèbres échappés à l'oubli, et que nous ont transmis les écrivains de l'antiquité.

1190. — ENTREPRISE DES HÉRACLIDES. — Profitant d'un moment où la Grèce, déchirée et affaiblie par des dissensions intestines, devait être la proie du plus fort, les Héraclides, bannis de leur patrie, y rentrèrent en armes. Sparte, Argos, Mycènes, tout le Péloponèse enfin fut bientôt asservi, et la terreur s'étant répandue de toutes parts, plusieurs colonies grecques passèrent la mer et vinrent s'établir dans les îles qui bordent l'Asie Mineure. Celle des *Ioniens*, des *Eoliens* et des *Doriens* furent les plus célèbres. La tranquillité et l'abondance dont jouirent ces peuples dans leur nouvelle patrie favorisèrent la culture des talens et les progrès de la civilisation.

Les Héraclides, maîtres du Péloponèse, le divisèrent entre eux. Deux frères, *Eurysthènes* et *Proclès*, régnèrent ensemble à Sparte, qui depuis ce temps eut toujours deux rois.

1132. — CODRUS, DERNIER ROI D'ATHÈNES. — Les Héraclides étaient devenus jaloux de la puissance des Athéniens, qui s'augmentait rapidement par le grand nombre de bannis du Péloponèse que le roi Codrus protégeait et attirait dans l'Attique.

Bientôt la guerre éclata entre les Athéniens et les Héraclides : l'oracle, dit-on, avait annoncé *que celle des deux nations dont le roi périrait remporterait la victoire.* Codrus se dévoua pour le salut de sa patrie ; ayant cherché la mort dans les rangs ennemis, il périt dans le combat. A cette nouvelle, les Héraclides effrayés prirent aussitôt la fuite, et ce dévouement généreux sauva ainsi les Athéniens.

Après la mort de Codrus, ses deux fils, *Médon* et *Nilée*, se disputèrent la couronne : les Grecs ne respirant que l'indépendance, saisirent cette occasion pour s'affranchir de la royauté ; le gouvernement républicain fut adopté et le pouvoir confié à des magistrats nommés *archontes.* Médon, fils de Codrus, fut le premier archonte et conserva cette dignité jusqu'à la fin de sa vie. Pendant trois siècles cette magistrature resta perpétuelle et héréditaire. C'était encore la royauté ; le gouvernement n'avait changé que de nom. Nous verrons plus tard les Athéniens augmenter le nombre des archontes, et restreindre la durée de leur administration.

947. — HOMÈRE, retiré à Smyrne, dans l'Asie Mineure, commençait à travailler à ses poésies ; il s'illustra par ses deux poèmes épiques, l'*Iliade* et l'*Odyssée.* Ces premières productions du génie forment une grande époque dans l'histoire de l'esprit humain, la plus instructive de toutes.

Les mœurs des siècles héroïques de la Grèce furent simples et grossières comme celles de tous les barbares : Homère nous en a tracé le tableau.

Ces rois, que l'on se représente si puissans, avaient peu d'autorité, et n'avaient presque aucun appareil de grandeur. Sans aucune idée de la science militaire, ils ne savaient que se battre : le droit du plus fort était leur loi suprême. Il est probable qu'ils n'entendaient pas mieux l'art plus difficile encore de gouverner les peuples.

910. — On voit à cette époque les petits états de la Grèce adopter successivement le GOUVERNEMENT RÉPUBLICAIN. Les peuples s'étant lassés d'obéir à des princes qui eux-mêmes s'étaient rendus indignes de régner, une révolution presque générale entraîna la chute du pouvoir monarchique, et l'amour de la liberté devint le caractèle dominant des Grecs.

Il eût été sans doute aussi curieux qu'intéressant de suivre dans ses détails cette grande révolution, qui changea la face de la Grèce. Mais elle commença à s'opérer peu de temps après le siége de Troie, à cette époque obscure du passage de la fable à l'histoire, et les anciens ne nous ont transmis que des notions vagues à cet égard.

FIN DE LA 2e ÉPOQUE.

Exercices sur la deuxième époque, dite des temps héroïques.

*Fondation des différens états de la Grèce *, de 1600 à 876.*

(Voir le tableau de la deuxième époque, page 80.)

16e SIÈCLE. — En quelle année fut fondée Athènes? — Par qui? — Quel tribunal célèbre institua Cécrops?

Qu'est-ce que le conseil ou la ligue des Amphyctions?

Quel fut le fondateur de Thèbes? — Qu'enseigna-t-il aux Grecs?

En quelle année fut fondé le royaume de Sparte? — Par qui?

15e SIÈCLE. — Quel fut le fondateur du royaume de Troie? — Quel fut le premier roi de Crète?

14e SIÈCLE. — Dans quel siècle les Pélopides se rendirent-ils maîtres du Péloponèse?

A quelle époque Thésée gouverna-t-il Athènes? — Comment gouverna-t-il?

Dans quel siècle les Héraclides furent-ils chassés du Péloponèse?

13e SIÈCLE. — En quelle année commença le siége de Troie? — Quelle fut ensuite, et pendant plusieurs siècles, la situation de la Grèce?

12e SIÈCLE. — Dans quel siècle eut lieu le retour des Héraclides? — Quel fut le dernier roi d'Athènes? — Comment fut abolie la royauté? — Quels magistrats furent établis à cette époque?

10e SIÈCLE. — En quelle année parut Homère?

Le dixième siècle ne fut-il pas l'époque d'un grand changement dans la Grèce? — Quel gouvernement fut alors généralement adopté? — Quel fut, depuis cette époque, le caractère dominant des Grecs?

---

* Cet exercice ne porte pas sur tous les faits indiqués au tableau, mais seulement sur les plus essentiels à bien connaître.

ÉTUDE DE LA TROISIÈME ÉPOQUE,

DITE DES TEMPS HISTORIQUES.

NOTA. *Pour l'intelligence de cette explication, il sera indispensable de recourir au tableau de la troisième époque, page 97.*

Avant de commencer l'étude de la troisième époque (la seule digne de fixer notre attention), il sera nécessaire de présenter à l'élève le tableau qui y est joint. Il a pour titre TABLEAU COMPARÉ DES PRINCIPAUX ÉTATS DE LA GRÈCE.

La Grèce, en effet, étant composée de plusieurs petits états qui se rendirent célèbres tour à tour et quelquefois en même temps, on a dû présenter *ensemble* l'histoire de ces différens peuples, mais avec un classement méthodique qui empêchât de les confondre.

Il serait fort utile de faire copier à l'élève le tableau de la troisième époque. Dans le cas contraire, il devra le lire plusieurs fois avec attention, en suivant l'ordre des dates, et en examinant les rapports de l'une à l'autre histoire.

On lui fera observer que *les noms des hommes célèbres* ont été indiqués sur le tableau en gros caractères. (Voyez le tableau, première colonne, LYCURGUE; deuxième colonne, SOLON, etc.)

L'élève examinera la place que chacun de ces personnages occupe dans le tableau, c'est-à-dire à quel siècle, à quel peuple chacun d'eux appartient Il devra le savoir de manière à répondre sans hésiter aux deux questions dont nous allons donner un exemple :

Demande. A quel peuple appartient Lycurgue? — Dans quel siècle a-t-il vécu?

Réponse. Lycurgue était de *Sparte,* il vivait au 9e *siècle* *.

Le classement des hommes facilitera, pour les élèves, le classement des faits, parce que naturellement on rattache à l'idée d'un personnage quelconque le souvenir des événemens auxquels il a pris part.

Au moyen du tableau comparé, l'élève pourra faire des rapprochemens faciles entre les différens peuples. Si on lui demande, par exemple, ce qui se passait à Athènes tandis que Lycurgue donnait des lois à Sparte, il verra, *dans la colonne d'Athènes,* que cette république était agitée alors par *des dissensions continuelles.*

Cette troisième époque sera divisée en périodes d'un siècle; chaque siècle sera subdivisé en plus ou moins de chapitres, selon l'importance des événemens.

A la fin de chaque siècle sera placé un *exercice.* Il y aura toutefois quelques exceptions à cette règle.

Premièrement. Lorsque plusieurs siècles de suite auront peu d'importance, ils se trouveront compris dans un seul exercice.

Secondement. Lorsqu'un siècle, au contraire, renfermera un grand nombre de faits essentiels à connaître, il y aura plusieurs exercices alors sur ce même siècle.

Avant de faire un exercice quelconque, l'élève devra lire d'avance les questions qui lui seront adressées,

---

* Pour répondre à ces deux questions, il suffira de jeter un coup d'œil sur la *colonne des siècles* et sur l'*indication des peuples,* placée au haut du tableau. (Voir ce tableau.)

afin de calculer sur le tableau les réponses qu'il devra faire.

Nota. *Le maître pourra à volonté étendre ou restreindre le nombre des questions indiquées dans ces différens exercices.*

Cette dernière partie de l'histoire ancienne étant la plus importante, nous avons cru devoir donner plus de détails sur la manière de l'étudier. Les résultats de cette méthode ont été calculés avec soin : mais ils dépendent toutefois de l'exactitude avec laquelle seront suivies les règles indiquées.

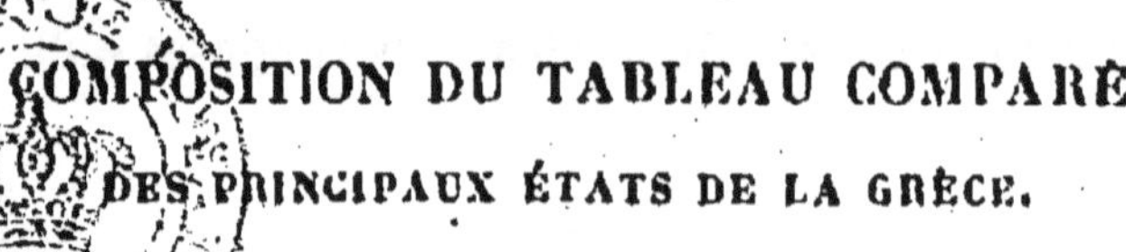

COMPOSITION DU TABLEAU COMPARÉ DES PRINCIPAUX ÉTATS DE LA GRÈCE.

Ce tableau est divisé en *quatre colonnes*, comprenant *Sparte*, *Athènes*, *Thèbes* et la *Macédoine*.

Sparte et *Athènes*, qui furent long-temps les seuls états remarquables de la Grèce, occupent et remplissent les *deux premières colonnes*.

Les deux colonnes suivantes, restées *vides* pendant la durée de plusieurs siècles, indiquent que dans cette période, Thèbes et la Macédoine restèrent dans l'obscurité, et ne prirent aucune part aux affaires de la Grèce. — Ces deux états ne paraissent dans l'histoire qu'au *quatrième siècle seulement*.

Les noms des hommes célèbres sont indiqués sur le tableau en caractères *italiques*. (Voyez première colonne : *Lycurgue*. — Deuxième colonne : *Solon*, *Pisistrate*, etc.)

Chacun de ces noms forme renvoi à un chapitre correspondant. Exemple :

Premier personnage indiqué sur le tableau, *Lycurgue*. Titre du chapitre correspondant (page 99), LYCURGUE, etc., ainsi de suite ; chaque nom en caractères *italiques* correspondant à un chapitre.

Le tableau comprend un espace de sept siècles environ, depuis Lycurgue, en 876, jusqu'à l'asservissement de la Grèce par les Romains, l'an 146 avant J.-C.

NOTA. *Avant de commencer l'étude de la troisième époque, on aura dû lire avec attention les explications qui précèdent : de la page* 94 *à la page* 96.

TROISIÈME ÉPOQUE.

TEMPS HISTORIQUES,

COMMENÇANT A L'ANNÉE 876, AVEC UN TABLEAU COMPARÉ DES PRINCIPAUX ÉTATS DE LA GRÈCE.

(Voir le tableau à la page précédente.)

Après avoir parcouru avec rapidité et incertitude les temps appelés *fabuleux* et *héroïques*, nous allons, marchant d'un pas plus assuré, entrer enfin dans le domaine de l'histoire; là, nous verrons les lois et la civilisation frayer la route aux grands hommes dont la Grèce s'honore et qui l'ont illustrée, en effet, plus que ses divinités et ses héros barbares.

L'histoire de l'ancienne Grèce est moins l'histoire d'un empire particulier que celle de différens peuples indépendans, tantôt en paix, tantôt en guerre les uns avec les autres. Nous gagnerions peu à connaître tous les petits états de cette petite contrée; SPARTE et ATHÈNES * demandent seules une étude particulière. Ces deux républiques ont dû à leur législation un tel éclat, une

* Les mots en GROS CARACTÈRES font renvoi au tableau.

telle puissance, qu'il suffira d'écrire leur histoire pour faire connaître celle de toute la Grèce, jusqu'au moment où la ville de THÈBES, et ensuite les ROIS DE MACÉDOINE, exercèrent à leur tour la principale influence dans la Grèce. Nous verrons ensuite ces différens états, subissant la destinée commune, PASSER ENSEMBLE SOUS LE JOUG DES ROMAINS.

C'est afin de ne confondre ni les faits ni les hommes qui appartiennent aux différens états de la Grèce, que nous avons joint ici un *tableau chronologique comparé* dans lequel sont indiqués les principales époques de l'histoire de chaque peuple et les grands hommes qui y ont figuré depuis LYCURGUE jusques et compris ALEXANDRE LE GRAND.

9e SIÈCLE AVANT J.-C.

LYCURGUE, LÉGISLATEUR DE SPARTE.

(Voyez le tableau, première colonne.)

876. — SPARTE OU LACÉDÉMONE. — Après avoir long-temps obéi à des rois, la plupart des états de la Grèce (ainsi que nous l'avons vu) avaient adopté successivement le gouvernement républicain. Sparte, qui conservait encore son ancienne

monarchie, allait à son tour recouvrer son indépendance.

Depuis le retour des Héraclides, en 1129, deux princes de cette famille devaient occuper ensemble le trône de Sparte; mais le partage de la royauté, source continuelle de discussion, déchirait un état dépourvu de bonnes lois : un sage législateur pouvait seul y remédier; on le trouva dans LYCURGUE, fils du roi Eunone.

Un noble désintéressement lui avait fait refuser le trône pour le conserver à son neveu, fils de son frère Polydecte. Accusé d'ambition malgré cette conduite généreuse, il s'était éloigné pour détruire un injuste soupçon. Après avoir voyagé en Crète, pour étudier les lois de Minos, il parcourut l'Asie et l'Égypte, observant avec soin les gouvernemens de ces différens peuples et se préparant ainsi à réformer celui de Sparte.

L'absence de Lycurgue fit bientôt sentir le besoin qu'on avait de ses vertus pour remédier aux désordres qui se multipliaient chaque jour; il fut rappelé, après dix années d'absence : de retour à Sparte, il se mit à la tête du gouvernement comme tuteur du jeune prince (le roi Charilaüs).

866. — LÉGISLATION DE LYCURGUE. — Voulant réparer les maux causés par l'anarchie, Lycurgue proposa une réforme entière du gouvernement; mais afin d'assurer le succès de son entreprise, il eut recours à l'appui des dieux. Il se crut, ou plutôt il se dit inspiré; l'oracle de Delphes, consulté selon l'usage, déclara que le gouvernement établi par Lycurgue *serait le plus parfait qui ait*

jamais existé. Dès lors rien ne s'opposa plus à l'exécution de ses grands desseins.

La royauté subsista, mais avec peu de pouvoir : la souveraineté devait résider de fait dans le peuple ; un sénat fut créé ; il était composé de vingt-huit membres, et n'avait que le droit de délibérer sur les affaires ; ses avis pouvaient être acceptés ou rejetés : ce corps, placé entre le roi et l'état, balançait leur pouvoir.

Dans la suite on créa cinq autres magistrats nommés *éphores.* Choisis par le peuple, ils en étaient les protecteurs. Les sénateurs et les rois même étaient soumis à leur autorité. Quelques historiens attribuent à Lycurgue l'établissement de ces magistrats redoutables ; d'autres, avec plus de vraisemblance, le croient postérieur d'environ cent trente années.

Pour établir une parfaite égalité parmi les citoyens, Lycurgue fit un partage égal des terres, et afin de bannir les richesses et le luxe, il substitua une monnaie de fer aux monnaies d'or et d'argent dont jusque-là on avait fait usage.

866. — ÉDUCATION MILITAIRE. — Un des principaux objets de la civilisation de Lycurgue fut de former des sujets pour l'état; abandonnant aux esclaves la culture des terres, tous les citoyens furent destinés au métier des armes. Sparte était en quelque sorte un camp, où les enfans, dès leur bas-âge, étaient exercés à la fatigue, à la douleur et à une prompte obéissance. Ayant à remplir les mêmes devoirs, tous étaient formés aux mêmes habitudes.

L'ÉDUCATION DES FEMMES était presque aussi sévère que celle des hommes ; elles s'exerçaient également à la lutte, à la course et à lancer le javelot : animées elles-mêmes de l'amour de la patrie, leur premier soin était de l'inspirer à leurs enfans.

MOEURS. — On méprisait le célibat à Sparte ; il privait des honneurs et des soins qu'on devait rendre à la vieillesse.

Les vertus des Spartiates avaient un mélange de barbarie ; ils faisaient périr au moment de leur naissance les enfans difformes dont ils n'avaient aucun service à espérer. Pour accoutumer les autres à la douleur, on les déchirait à coups de verges sur l'autel de Diane, quelquefois même jusqu'à la mort. Les Spartiates traitaient aussi les *ilotes* ou *hélotes*, leurs esclaves, de la manière la plus révoltante. En un mot, ils ne connurent point cette modération qui caractérise la vraie sagesse.

RELIGION. — Moins superstitieux que les autres Grecs, ils avaient un culte conforme à leur gouvernement. Les statues de leurs divinités, même celle de Vénus, étaient toutes revêtues d'une armure, afin d'inspirer le courage militaire. Lycurgue toutefois n'avait armé les Spartiates que pour leur défense, et leur avait interdit les conquêtes, voulant borner leur ambition à être libres et à protéger les peuples opprimés.

866. — REPAS PUBLICS. — Lycurgue ordonna que tous les citoyens mangeraient à des tables

publiques; les rois mêmes furent soumis à cette loi, afin de rendre l'égalité plus sensible.

On admettait les enfans à ces repas publics, où une extrême frugalité était prescrite; c'est ainsi qu'ils se formaient à la tempérance et s'instruisaient en écoutant. Lorsqu'ils entraient dans la salle, un vieillard leur disait en leur montrant *la table* d'abord, *la porte* ensuite : *Rien de ce qui se dit ici ne sort par là.*

On les interrogeait sur les choses les plus importantes. *Que pensez-vous de cet homme, de cette action?* On exigeait qu'ils répondissent promptement, en peu de mots, et d'une manière judicieuse; par là, ils contractaient l'habitude du *laconisme*, c'est-à-dire d'un langage clair, précis, plein de feu et de noblesse. Les prières des Spartiates étaient brèves comme leurs discours : ils demandaient aux dieux *de favoriser les gens de bien.*

854. — Mort de Lycurgue. — Après avoir surmonté de grands obstacles pour faire admettre ses réformes dans le gouvernement, Lycurgue songea aux moyens de consolider cette grande entreprise. Il déclara qu'il allait consulter l'oracle de Delphes, et fit jurer aux Spartiates qu'ils exécuteraient ses lois jusqu'à son retour. L'oracle ayant répondu, dit-on, que Sparte, en les observant, *deviendrait la ville la plus heureuse et la plus illustre du monde*, Lycurgue envoya cette réponse aux Spartiates et se retira ensuite dans l'île de Crète, où il se laissa mourir de faim : les Spartiates restèrent ainsi liés par leur serment.

Les circonstances de la mort de Lycurgue sont

accompagnées de ce merveilleux que les Grecs ont trop souvent mêlé à leur histoire; elles sont donc évidemment incertaines. Ce que nous devons considérer comme réel, c'est que Lycurgue avait créé une constitution et plus sage et plus solide que toutes celles qui existaient alors dans la Grèce.

8e SIÈCLE.

Les faits indiqués dans le chapitre suivant ayant rapport aux différens états de la Grèce, il est indispensable d'avoir le tableau sous les yeux pour étudier ce chapitre comprenant les 8e et 7e siècles.

Après Lycurgue, l'histoire de la Grèce est long-temps stérile en événemens remarquables. Nous indiquerons seulement ici les faits les plus importans de cette époque.

En 791 avant J.-C., Caranus fonde le royaume de Macédoine. Depuis ce prince jusqu'à Philippe II, vingt et un rois occupèrent sans gloire le trône de Macédoine.

En 776 avant J.-C., les jeux olympiques furent rétablis dans la Grèce; ces jeux se célébraient tous les quatre ans près d'Olympie, dans le Péloponèse.

Les *olympiades*, ou intervalle de quatre années d'une fête à l'autre, servirent, depuis l'an 776, à régler la chronologie de l'histoire grecque, c'est-à-dire à calculer le temps d'après le nombre d'olympiades.

L'histoire d'Athènes, pendant une période de plusieurs siècles, n'offre qu'une suite continuelle de désordres et de dissensions intestines. Depuis la mort de Codrus, en 1095, un archonte perpétuel et héréditaire avait gouverné l'état; en 754, l'archontat devint électif et sa durée fut réduite à dix ans.

Dans le siècle suivant, les Athéniens, toujours plus jaloux de leur liberté, créèrent *neuf archontes* au lieu d'un, afin que l'autorité, partagée entre plusieurs, fût moins redoutable. L'exercice de cette magistrature fut réduite alors à une année.

En 743 commença la première guerre entre les Messéniens et les Spartiates; après avoir duré vingt ans, cette guerre se termina à l'avantage des Spartiates.

7e SIÈCLE.

En 625, les Spartiates et les Messéniens combattirent de nouveau. On dit qu'après une défaite, l'oracle ayant ordonné aux Spartiates de demander un général aux Athéniens, ceux-ci leur envoyèrent, comme par insulte, le poète *Tyrtée*, boiteux, contrefait et méprisé dans sa patrie : mais avec des dehors repoussans, Tyrtée possédait un talent sublime. Ses chants guerriers excitent l'enthousiasme des soldats, les conduisent à la victoire, et bientôt les Messéniens en fuite sont contraints d'abandonner leur pays. Ils se réfugièrent en Sicile l'an 623 avant J.-C., et bâtirent la ville de Messène, aujourd'hui *Messine.*

Pendant ce temps, les troubles intérieurs avaient continué à Athènes. De bonnes lois pouvaient seules y remédier; les Athéniens le sentirent, et en 624 ils choisirent pour législateur Dracon, homme vertueux, mais trop sévère. Regardant la moindre faute comme un crime, il établit la peine de mort pour tous les délits sans exception. Ces lois sanguinaires, qu'un excès de rigueur rendait impraticables, tombèrent bientôt d'elles-mêmes. Mais le moment approchait où les Athéniens allaient recevoir d'un grand homme une législation plus douce et plus appropriée à leur caractère.

Exercices sur les 9e, 8e et 7e siècles.

Les 9e, 8e et 7e siècles n'offrant qu'un très-petit nombre de faits importans, on a réuni cette période de *trois siècles* en un *seul exercice.*

On rappelle encore ici que pour ces différens exercices il est indispensable d'avoir examiné d'avance le tableau comparé des différens peuples de la Grèce.

9e *siècle.* — LYCURGUE, LÉGISLATEUR DE SPARTE.

A quel peuple appartient Lycurgue? — Dans quel siècle a-t-il vécu? — En quelle année donna-t-il des lois aux Spartiates? — Quel fut le gouvernement établi par Lycurgue? — En qui résidait la puissance? — Dans le peuple ou dans le roi? — D'après les lois de Lycurgue, quel genre d'éducation recevait la jeunesse? — Dans quel but? — L'éducation des femmes était-elle aussi sévère que celle des hommes? — Quel sentiment cherchaient-elles à inspirer à leurs enfans?

Dans quel but Lycurgue avait-il établi l'usage des repas publics? — Les enfans y étaient-ils admis? — De quel langage leur donnait-on l'habitude?

Quelles étaient les mœurs des Spartiates? — Comment traitaient-ils leurs enfans? — Leurs esclaves? — Quelle était leur religion?

En quelle année mourut Lycurgue? — Que raconte-t-on de sa mort, et des obligations qu'elle imposa aux Spartiates?

Tandis que Lycurgue donnait des lois à Sparte, quelle était la situation d'Athènes? — La république de Thèbes était-elle connue alors?

8e SIÈCLE.

Dans quel siècle fut fondé le royaume de Macédoine? — Par qui fut-il fondé? — Les successeurs de *Caranus*, jusqu'à Philippe II, sont-ils connus dans l'histoire? (Voir le tableau, 4e colonne.)

En quelle année furent établis dans la Grèce les jeux olympiques? — Qu'appelait-on *une olympiade?* — A quelle distance l'une de l'autre se célébraient les olympiades? — Combien d'années faisaient *deux olympiades?*

En 754, quel changement eut lieu dans le gouvernement d'Athènes? — L'archontat resta-t-il perpétuel et héréditaire?

En quelle année commença la guerre des Spartiates et des Messéniens?

7e SIÈCLE.

En quelle année se termina la guerre des Spartiates et des Messéniens? — Quel peuple fut vaincu? — Dans quel pays se réfugièrent les Messéniens? — Quelle ville fut fondée par eux?

En quelle année Dracon donna-t-il des lois aux Athéniens? — Par quel motif les lois de Dracon furent-elles abandonnées?

6e SIÈCLE.

SOLON, LÉGISLATEUR D'ATHÈNES.

(Voyez le tableau, troisième colonne.)

594. — LÉGISLATION DE SOLON. — L'apparition de ce grand homme doit être considérée comme l'origine de l'illustration d'Athènes. Après avoir renoncé aux lois cruelles de Dracon, les Athéniens, livrés de nouveau à la licence, avaient reconnu plus que jamais la nécessité d'un sage gouvernement, mais ils différaient toutefois sur la forme à lui donner. Solon parut dans ces conjonctures : distingué par sa naissance, il l'était plus encore par ses lumières et ses vertus, et d'une voix unanime il fut choisi pour législateur et premier magistrat ; le peuple même voulait le proclamer roi : mais, effrayé des écueils qui environnent le trône, il accepta le gouvernement de la république et refusa le sceptre.

L'étude et les voyages avaient rendu Solon un des hommes les plus habiles de son siècle ; il joignait à des mœurs douces le zèle du bien public et le don de la persuasion. Ses lois néanmoins furent imparfaites, parce que les Athéniens, disait-il, ne pouvaient en recevoir de meilleures.

La majorité des habitans d'Athènes désirant la démocratie, le législateur conserva cette forme de gouvernement ; le pouvoir suprême fut remis entre les mains du peuple, et les magistratures furent confiées aux principaux membres de l'état.

UN SÉNAT composé de quatre cents personnes devait examiner et discuter toutes les propositions avant qu'elles fussent soumises au peuple.

Les citoyens riches furent divisés en trois classes, selon leur degré de fortune. Les pauvres, qui formaient une quatrième classe, furent exclus de toutes les charges et de toutes les dignités. Solon, pour les dédommager, leur accorda le droit de suffrage dans les assemblées publiques où se décidaient les affaires importantes, telles que la paix, la guerre, les alliances, les lois, les impôts, etc., etc.

Les assemblées du peuple se tenaient tous les huit jours ; chaque citoyen âgé de cinquante ans pouvait y haranguer.

Les juges étaient pris indistinctement parmi tous les citoyens ; le sort les désignait.

Le législateur étendit aux classes les plus infortunées le bienfait de son administration ; il régla, en un mot, les droits politiques et civils de tous les Athéniens, et leur assura le plus précieux de tous, la *liberté individuelle*, c'est-à-dire le privilége de n'être jamais enfermés dans une prison avant d'avoir été condamnés par un jugement, excepté pour les crimes de trahison ou de conspiration contre l'état.

L'ostracisme, dont on ne connaît pas précisément l'origine, fut remis en vigueur par Solon. On appelait ostracisme un bannissement de dix années auquel étaient souvent condamnés les hommes illustres devenus suspects à la nation.

On écrivait sur une coquille (*ostracon*) le nom de celui qu'on voulait bannir : de là le nom d'*ostracisme*. Il fallait six mille suffrages contre celui qu'on poursuivait : le nombre des citoyens allait au plus à vingt mille.

Le rétablissement de la paix intérieure fut le premier résultat des sages lois de Solon. Les Athéniens, qui les avaient reçues avec enthousiasme, jurèrent de les conserver pendant un siècle.

594. — Éducation des Athéniens. — Solon dirigea l'éducation des Athéniens vers un but entièrement opposé à celui de Lycurgue : à Sparte, les exercices militaires étaient l'unique occupation de la jeunesse, toute autre était interdite : Solon, au contraire, inspira aux Athéniens l'amour des lettres, des sciences et des arts. Le commerce et l'industrie furent également encouragés par le législateur. Les lois de Lycurgue, enfin, devaient inspirer aux Spartiates le désir et l'amour de la guerre, tandis que Solon semblait avoir donné aux Athéniens tout ce qui peut embellir les douceurs de la paix.

Thespis, à cette époque, avait inventé l'art dramatique, et l'on vit représenter à Athènes les premières comédies ; mais ces pièces étaient de mauvaises farces qui servirent seulement à préparer les voies au génie.

Le célèbre fabuliste *Esope* parut vers le même temps.

569. — RÉTABLISSEMENT DE L'ARÉOPAGE. — Solon rétablit l'autorité de l'aréopage, tribunal institué par Cécrops, fondateur d'Athènes, et fort déchu depuis Dracon. Ce tribunal célèbre, composé des hommes les plus respectables et les plus éclairés, avait l'inspection sur les affaires publiques et sur l'éducation de la jeunesse. Ses jugemens se rendaient de nuit, en plein air, sur la simple exposition des faits, et ne furent jamais taxés d'injustice.

Malgré les avantages qu'offrait le gouvernement établi par Solon, les Athéniens, naturellement légers et inconstans, lui demandaient sans cesse des changemens ou des modifications. Lassé de leurs sollicitations importunes, il laissa au temps le soin de consolider son ouvrage, et résolut de s'éloigner. Ayant obtenu la permission de s'absenter pour dix ans, il partit après avoir fait promettre aux Athéniens de ne rien changer à ses lois jusqu'à son retour.

De nouveaux voyages ajoutèrent encore aux vastes connaissances que déjà il avait acquises : dans ce temps on trouvait en Grèce, en Asie, en Afrique, des hommes éclairés et vertueux qui, liés entre eux par une amitié sincère, se réunissaient quelquefois pour s'instruire réciproquement. On désigna sous le nom des sept sages de la Grèce, *Thalès* de Milet. — *Pittacus* de Mytilène. — *Bias* de Priène. — *Cléobule* de Linde, dans l'île de Rhodes. — *Chilon* de Lacédémone. — *Solon* d'Athènes, et enfin le Scythe *Anacharsis*, qui, malgré son origine étrangère, mérita de faire partie de cette illustre réunion.

559. — MORT DE SOLON. — Après avoir parcouru différentes contrées, Solon revint dans sa patrie, qu'il trouva de nouveau déchirée par des factions. Toutes demandaient un changement dans la constitution, sans être d'accord sur ce qu'on voulait lui substituer.

Pisistrate, parent de Solon, homme riche, ambitieux et populaire, aspirait secrètement au pouvoir suprême; il parvint à s'en emparer, moins par la force des armes que par ses artifices. Solon tenta vainement de ranimer dans les âmes l'amour de la liberté; le chagrin que lui causa l'inutilité de ses efforts termina bientôt ses jours. Il ne put survivre à l'asservissement de sa patrie; il mourut dans un âge avancé, laissant à ses concitoyens de justes regrets et à la postérité une réputation sans tache et un nom à jamais révéré. La noble passion de s'instruire l'accompagna jusqu'au tombeau. *Je vieillis*, disait-il, *en apprenant toujours quelque chose.*

Les derniers siècles que nous venons de parcourir mériteraient peu de fixer l'attention s'ils n'avaient produit Lycurgue et Solon; mais ces deux grands hommes ont suffi pour illustrer à jamais cette époque et remplir ce long intervalle.

SUITE DU 6e SIÈCLE AVANT J.-C.

PISISTRATE, TYRAN D'ATHÈNES *.

(Voyez le tableau, deuxième colonne.)

556. — Après la mort de Solon, les regrets excités par sa perte avaient réveillé chez les Athéniens l'amour de l'indépendance, et PISISTRATE avait été précipité d'un trône conquis par ses artifices.

Deux hommes, Lycurgue et Mégaclès, prétendaient l'un et l'autre à la royauté; mais aussi adroit qu'ambitieux, Pisistrate sut profiter de la division des partis; il s'unit à celui de Mégaclès, dont il épousa la fille, et parvint ainsi à remonter sur le trône.

552. — Les factions s'étant rallumées de nouveau, Pisistrate ne put cette fois leur résister; il fut vaincu et perdit sa couronne.

Obligé de fuir, il se retira dans l'île d'Eubée, où il passa onze années dans l'exil.

550. — Plusieurs villes maritimes s'étant déclarées en faveur de Pisistrate, il rassembla quel-

* Les anciens donnaient le nom de tyran à tout prince usurpateur, et souvent aux rois légitimes.

ques troupes, rentra vainqueur dans Athènes, et la couronne lui fut rendue.

Pour se venger de ses ennemis, il fit périr les principaux chefs du parti qui lui était opposé ; mais ce fut le dernier acte de rigueur de sa vie ; jamais dans la suite il n'abusa de son pouvoir ; il trouva dans la modération et la justice le moyen le plus sûr d'affermir sa puissance.

Protecteur des lettres et des arts, Pisistrate fit connaître aux Athéniens les poésies d'Homère, et leur forma une bibliothèque. Il occupa ainsi les esprits, adoucit les âmes et sut rendre presque insensible le joug qu'il avait imposé.

Actif et populaire, il encouragea de même l'industrie et l'agriculture, sources premières de la prospérité d'un état.

Les beaux-arts commencèrent à cette époque à se perfectionner ; on avait inventé les deux premiers ordres d'architecture : le *dorique* et l'*ionique*, et bientôt des temples, des monumens publics, commencèrent à embellir la ville d'Athènes.

Les dernières années du règne de Pisistrate s'écoulèrent dans une paix profonde qu'il sut maintenir par sa sagesse.

528. — Mort de Pisistrate. — Ce prince emporta au tombeau les regrets des Athéniens; habile dans l'art de régner, il employa toujours la voie de la persuasion de préférence aux moyens de rigueur. Peu de rois, en un mot, ont connu mieux que lui le secret de gouverner un peuple indocile et léger.

SUITE DU 6e SIÈCLE AVANT J.-C.

HIPPARQUE ET HIPPIAS, ROIS D'ATHÈNES.

(Voyez le tableau, deuxième colonne.)

528. — Après la mort de Pisistrate, ses deux fils, Hipparque et Hippias, lui succédèrent sans opposition. Partageant l'autorité souveraine, les deux frères gouvernaient ensemble dans une parfaite union, et s'appliquaient, à l'exemple de leur père, à faire régner la paix dans leurs états.

Hipparque et Hippias aimaient et protégeaient les lettres, qui déjà à cette époque avaient fait quelques progrès. Persuadés qu'on ne peut adoucir les mœurs des peuples qu'en les éclairant, ils s'occupèrent avec zèle de l'instruction publique. Des écoles pour la jeunesse furent établies, et afin de répandre les lumières dans toutes les classes, ils firent inscrire les pensées des sages et les élémens de la morale sur le piédestal des statues de Mercure, placées sur les routes et dans tous les lieux publics. La multitude pouvait ainsi en prendre connaissance.

Cette instruction si généralement répandue, l'émulation qu'elle excita parmi tous les citoyens, contribuèrent puissamment sans doute à former les grands hommes qui bientôt devaient illustrer la Grèce.

Deux poètes célèbres, *Anacréon* et *Simonide*, parurent à Athènes vers cette époque et y furent comblés d'honneurs et de présens. Les deux rois saisirent cette occasion nouvelle d'honorer et d'encourager les talens.

510. — ABOLITION DU POUVOIR MONARCHIQUE. — Les fils de Pisistrate régnaient paisiblement ensemble depuis près de quinze années, lorsque Hipparque fut assassiné par *Armodius* et *Aristogiton*, ses ennemis personnels. Irrité du meurtre de son frère, Hippias, jusque-là doux et humain, devint cruel et sanguinaire, et se rendit odieux par sa tyrannie. Un grand nombre de citoyens furent immolés à sa vengeance. L'esprit national se ranimant alors chez les Athéniens, Hippias fut précipité du trône, on abolit pour toujours le pouvoir monarchique, et le gouvernement populaire fut rétabli.

Hippias, obligé de fuir, n'avait pas renoncé à l'espoir de remonter sur le trône. Il avait entraîné les Spartiates dans son parti; mais leur tentative pour le rétablir n'eut aucun succès, et ne servit qu'à dévoiler leur jalousie et leur ambition.

Hippias se trouva bientôt sans partisans et sans appui; il se réfugia alors en Asie, chez Artapherne, satrape ou gouverneur de Lydie. Là, oubliant tous les liens qui l'attachaient à sa patrie, il engagea vivement le roi de Perse (*Darius*) à prendre les armes contre Athènes, dont la possession devait lui soumettre toute la Grèce. Gagné par Hippias, l'ambitieux monarque ordonna aux Athéniens de rappeler leur roi et de lui rendre son autorité; la république refusa de se soumettre à une influence étrangère : telle fut l'origine de la guerre qui ne tarda pas à éclater entre les Perses et les Grecs.

Nous devons remarquer ici que l'abolition de la royauté eut lieu presque en même temps chez les Grecs et chez les Romains : les premiers renoncèrent au pouvoir monarchique en 510, et les Romains en 509, époque de l'établissement des consuls.

Exercices sur le 6e siècle.

SOLON, LÉGISLATEUR D'ATHÈNES. ANNÉE 594.

(Voir le tableau.)

A quel peuple appartient Solon? — Dans quel siècle a-t-il vécu? — Quel gouvernement donna-t-il aux Athéniens? — Le pouvoir suprême appartenait-il au peuple ou au sénat? — Le législateur s'occupa-t-il des classes pauvres? — Quel droit précieux assura-t-il aux citoyens? — Quel fut le premier résultat des sages lois de Solon? — Qu'était-ce que l'ostracisme? — Quelle éducation, quels goûts, Solon donna-t-il aux Athéniens? — Cette éducation et ces goûts étaient donc bien différens de ceux qu'avaient donnés Lycurgue aux Spartiates? — Un tribunal célèbre ne fut-il pas rétabli par Solon? — Comment se rendaient les jugemens de l'Aréopage?

Pourquoi Solon s'éloigne-t-il de la Grèce? — Comment trouva-t-il Athènes à son retour? — Quel homme s'empara du pouvoir? — En quelle année mourut Solon? — Quelle était la passion dominante de cet homme célèbre? — Combien de siècles s'étaient écoulés entre Lycurgue et Solon?

PISISTRATE, ANNÉE 556.

A quel peuple appartient Pisistrate? — A quel siècle? — Après la mort de Solon qu'arriva-t-il à Pisistrate? — Ne fut-il pas plusieurs fois détrôné et rétabli sur le trône? — Son pouvoir s'étant affermi, comment gouverna-t-il? — Quel poète, ou plutôt quelles poésies célèbres fit-il connaître aux Athéniens? — Pisistrate travailla-t-il au bonheur du peuple? — En fut-il regretté?

HIPPARQUE ET HIPPIAS, ANNÉE 528.

Quels furent les successeurs de Pisistrate? — A quel peuple, à quel siècle appartiennent Hipparque et Hippias? — S'occupèrent-ils de l'instruction publique? — Quels poètes parurent à cette époque?

Comment mourut Hipparque? — Quelle fut alors la conduite d'Hippias? — Que lui arriva-t-il à lui-même? — En quelle année la royauté fut-elle abolie à Athènes? — Quel gouvernement fut établi alors?

Le pouvoir monarchique ne fut-il pas aboli à Rome presque en même temps qu'à Athènes?

Où se réfugia Hippias après sa chute? — Quel conseil donna-t-il à *Darius*, roi de Perse? — Ce conseil ne fut-il pas l'origine ou la cause de la guerre entre les Perses et les Grecs?

Quels hommes avaient successivement gouverné les Athéniens pendant la durée du sixième siècle? — De ces trois personnages, lequel se montra le plus grand et le plus sage?

Au sixième siècle, y eut-il quelques événemens remarquables à Sparte? — A Thèbes? — Et en Macédoine?

NOTA. *On sent qu'il est indispensable d'avoir étudié le tableau pour répondre à ces dernières questions.*

5e SIÈCLE AVANT J.-C. *

MILTIADE, GÉNÉRAL ATHÉNIEN.

PREMIÈRE GUERRE CONTRE LES PERSES.

(Voir le tableau, deuxième colonne.)

491. — Avant d'entreprendre le récit de ce grand événement, il est essentiel de considérer ici quelle était à cette époque la situation de la Grèce.

Nous avons vu deux systèmes différens établir un grand contraste entre le gouvernement et les mœurs des Spartiates et des Athéniens. Malgré cette opposition constante, les deux républiques avaient fait l'une et l'autre de grands pas dans la civilisation. Des villes nouvellement construites, de pompeuses cérémonies, des jeux célèbres, atti-

* Le *cinquième siècle* forme une grande époque dans l'histoire de la Grèce, tant par l'importance des événemens que par leur multiplicité. On a cru devoir, en conséquence, diviser l'exercice sur ce cinquième siècle en plusieurs parties, qui formeront autant de *points de repos* dans cette longue période.

La première partie de cet exercice comprendra *la guerre des Perses*; la deuxième partie, *la guerre du Péloponèse;* la troisième enfin, réunira les faits les plus importans des dernières années du cinquième siècle.

raient de toutes parts les étrangers dans la Grèce ; les arts adoucissaient les mœurs, d'éloquens discours retentissaient à la tribune, les écrits ingénieux des philosophes se lisaient dans les écoles publiques ; tout concourait, en un mot, à éclairer l'esprit et à élever les âmes chez ce peuple célèbre, dont le patriotisme, les talens et le courage allaient bientôt entrer en lutte avec les forces immenses de l'Asie.

DARIUS, fils d'Hystaspe, roi de Perse, possédait le vaste empire fondé par Cyrus ; il voulait l'étendre jusqu'en Europe et se venger d'Athènes, qui avait envoyé des secours aux Ioniens soulevés contre lui. Cette colonie grecque de l'Asie Mineure s'était adressée vainement aux Spartiates ; un motif particulier avait seul déterminé les Athéniens en leur faveur.

Le roi de Perse, qui avait reçu Hippias et projetait de le rétablir, leur avait paru un ennemi digne de toute leur haine. Ils s'étaient donc hâtés de prendre parti contre le monarque, en se joignant aux Ioniens révoltés contre lui.

Mais, malgré les secours des Athéniens, l'Ionie fut soumise, et Darius, vainqueur sur ce point, menaça aussitôt la Grèce : ce fut alors qu'Athènes mit à la tête de ses généraux MILTIADE, qui joignait à un caractère ferme et courageux l'expérience de la guerre et des affaires. Son habileté, autant que sa haine pour les Perses, fixa le choix des Athéniens : Mardonius commandait les Perses.

191. — PREMIÈRE IRRUPTION DES PERSES DANS LA

Grèce. — L'Ionie étant soumise, Darius envoie des hérauts en Grèce demander *la terre et l'eau*, c'est-à dire qu'on le reconnaisse pour maître. Sparte présidait aux affaires publiques de la Grèce. Indignés d'une telle proposition, les Spartiates font mourir deux des ambassadeurs : c'est le signal des hostilités.

Plus de cent mille Perses passent la mer, guidés par Hippias, qui les excite à la vengeance. L'ennemi se dirige sur l'Attique et tout cède à ses premiers efforts ; la prise et l'incendie d'*Érétrie*, dans l'île d'Eubée, l'esclavage de ses habitans, qui sont envoyés en Perse chargés de chaînes, tels sont les résultats de cette première tentative.

490. — Bataille de Marathon. — Encouragés par leurs succès, les Perses menacent Athènes du sort d'Érétrie ; dans ce péril extrême, les Athéniens implorent le secours des confédérés. Sparte répond qu'une coutume religieuse empêche de se mettre en campagne avant la pleine lune ; les autres peuples consternés gardent le silence ; Platée seule envoie un millier de combattans : pour la première fois on arme les esclaves. L'armée des Perses était au moins de cent mille hommes, celle des Grecs de dix mille seulement ; mais l'inégalité des forces était un moindre mal peut-être que le partage du commandement entre dix généraux qui devaient commander tour à tour, et qui souvent différaient de plans et d'opinions. Au nombre de ces généraux étaient *Aristide, Thémistocle* et *Miltiade.* Ce dernier présente un projet dont l'exécution demande *un seul chef.* Le vertueux Aris-

tide renonce aussitôt à son jour de commandement, tous ses compagnons suivent son exemple, et l'on marche à l'ennemi sous les ordres de Miltiade. L'habile général, maître de ses dispositions, supplée au nombre par la valeur comme par la science militaire, et remporte une victoire complète à Marathon.

Hippias, qui s'était placé dans les rangs ennemis, fut tué dans le combat au moment où il espérait sans doute asservir sa patrie.

La déroute des Perses fut complète ; repoussés de toutes parts, il furent obligés de chercher un asile sur leur flotte, où le vainqueur les poursuivit les armes à la main. Un grand nombre de leurs vaisseaux avaient été pris ou incendiés.

A peine le combat était-il terminé, qu'un soldat, excédé de fatigue, voulut porter à Athènes la nouvelle d'un si grand succès : sans prendre le temps de quitter ses armes, il court, vole, arrive, annonce aux magistrats la victoire, et tombe mort à leurs pieds.

Des Spartiates arrivèrent le lendemain de la bataille de Marathon ; ils durent sentir combien était contraire à la raison la coutume superstitieuse qui les avait retardés, puisqu'elle pouvait, dans cette circonstance, entraîner la ruine de leur pays.

On rendit aux vainqueurs des hommages publics. Miltiade, qui avait mérité une récompense particulière, en obtint une digne de lui par sa noble simplicité : les Athéniens placèrent sur un de leurs portiques un tableau qui représentait la bataille de Marathon et où l'on voyait *Miltiade placé à la tête des combattans.*

489. — SIÉGE DE PAROS. — Miltiade avait demandé une flotte pour aller punir les insulaires qui, trahissant l'intérêt commun, s'étaient livrés aux Perses. Il s'empara sans peine de plusieurs îles de la Grèce, mais Paros lui opposa une vive résistance; blessé devant les murs de cette ville, il fut contraint de lever le siége, et revint à Athènes avec sa flotte.

489. — PRISON ET MORT DE MILTIADE. — Victime de l'ingratitude des Athéniens, Miltiade parut responsable du fâcheux résultat de sa dernière entreprise. On l'accusa de s'être laissé gagner par Darius, et le peuple condamna à mort ce même héros qui naguère avait sauvé la patrie. Quelques citoyens vertueux entreprirent vainement de prendre sa défense. *Athéniens*, s'écriaient-ils, *souvenez-vous de Marathon!* Tout ce que purent obtenir ces généreux défenseurs fut une commutation de la peine de mort, qui fut remplacée par une amende de cinquante talens, somme égale aux frais de la flotte.

Dans l'impossibilité de s'acquitter, Miltiade resta en prison, et bientôt après il mourut de la blessure qu'il avait reçue au siége de Paros.

Cimon, son fils, digne héritier de ses vertus et de ses talens, n'obtint la permission de lui rendre les derniers devoirs qu'après avoir acquitté, par le moyen de ses amis, l'amende à laquelle son père avait été condamné. Dans la suite, les Athéniens honorèrent la mémoire de ce grand homme;

mais des regrets tardifs et d'inutiles larmes ne pouvaient réparer tant d'ingratitude et d'injustice.

La défaite des Perses à Marathon n'avait fait qu'irriter *Darius;* méditant une vengeance éclatante, il avait résolu de marcher en personne contre les Grecs. Tout se disposait donc pour cette nouvelle exposition, lorsque la mort vint arrêter le monarque dans ses projets. Il laissa le trône à son fils *Xerxès* en 485.

489, etc. — COMMENCEMENT D'ARISTIDE ET DE THÉMISTOCLE. — Deux citoyens illustres, Aristide et Thémistocle, s'étaient distingués en même temps que Miltiade, et devaient plus tard avoir une grande influence dans les affaires de la Grèce. Aristide, d'une vertu austère, d'une probité irréprochable, n'avait d'autre but que d'être utile à son pays. Thémistocle, au contraire, plein de feu, d'audace et d'ambition, prétendait moins à l'estime qu'à la gloire, et peu scrupuleux sur les moyens de parvenir, il pouvait également faire beaucoup de bien ou beaucoup de mal à sa patrie. Jaloux de tous succès qui n'étaient pas les siens, on le vit inquiet et rêveur après la bataille de Marathon ; ses amis lui en demandaient la cause : *Ah!* répondit-il, *les trophées de Miltiade ne me laissent plus de repos.*

Athènes était en butte à des factions sans cesse renaissantes, qui se disputaient l'autorité. Aristide et Thémistocle, si différens de caractère et de principes, différaient aussi d'opinion ; Aristide penchait du côté des principaux citoyens, parce qu'ils étaient alors les plus sages. Thémistocle se déclarait au contraire pour le peuple qu'il avait intérêt de flatter. Mais n'espérant pas l'emporter sur un rival si généralement respecté et que partout on surnommait *le Juste*, il employa son adresse à le rendre suspect : on demanda l'ostracisme contre Aristide.

Dans l'assemblée générale, un paysan qui ne le connaissait point, et qui ne savait pas écrire, s'adressa à lui-même pour mettre le nom d'*Aristide* sur sa coquille. (On sait que les suffrages se donnaient ainsi.) *Quel tort vous a fait cet homme?* lui dit le vertueux citoyen. *Aucun, répond le paysan; mais je suis las de l'entendre appeler partout le juste.* Aristide écrit son nom : six mille suffrages lui sont contraires. Condamné à l'exil, il prie les dieux *de ne pas permettre qu'Athènes ait sujet de le regretter.*

Thémistocle effaça du moins la honte de son injustice par de grandes vues et d'éclatans services. Prévoyant que la guerre des Perses se renouvellerait un jour, il jugeait que la principale ressource d'Athènes devait être dans la marine, fort négligée jusqu'alors. Les Athéniens, d'après ses conseils, consacrèrent des sommes considérables à la construction d'un grand nombre de *galères* ou vaisseaux, qui allaient devenir le rempart de la république.

SUITE DU 5e SIÈCLE AVANT J.-C.

LÉONIDAS, ROI DE SPARTE.

(Voyez le tableau, deuxième colonne.)

DEUXIÈME GUERRE CONTRE LES PERSES. EXPÉDITION DE XERXÈS.

481. — Près de dix années s'étaient écoulées depuis l'éclatante victoire remportée sur les Perses à Marathon. *Xerxès*, en succédant à Darius, son père, avait hérité de son ressentiment, et après avoir terminé une guerre qu'il avait entreprise contre les Égyptiens, il fit d'immenses préparatifs pour une expédition nouvelle qui menaçait la Grèce d'une ruine totale.

Instruits de l'approche de l'ennemi, les Spartiates et les Athéniens excitent toute la nation à prendre les armes. Quoique les Athéniens eussent équipé les deux tiers de la flotte, les Spartiates leur en disputèrent le commandement ; il fut déféré à Euribiade, qui ne le méritait point. LÉONIDAS, ROI DE SPARTE, brave et illustre guerrier, devait commander une partie de l'armée de terre.

480. — COMBAT DES THERMOPYLES. — Xerxès s'avançait rapidement, portant de toutes parts la terreur et la mort : il arrive aux Thermopyles, défilé

du mont OEta, entre la Thessalie et la Phocide; Léonidas, à la tête de quatre mille hommes, l'y attendait. Xerxès voit avec surprise qu'une si faible armée ose disputer le passage à trois millions de combattans; il tente d'abord de corrompre Léonidas, et lui promet l'empire de la Grèce s'il veut reconnaître son autorité : Léonidas répond au monarque *que son ambition est de délivrer sa patrie et non de l'asservir*. Xerxès lui ordonne alors de rendre les armes : *Viens les prendre*, lui réplique le fier Spartiate.

Des deux côtés on se prépare au combat. Les Grecs, attaqués par une armée innombrable, opposaient une vigoureuse résistance, quand tout-à-coup les Perses découvrent un sentier par lequel ils gagnent la hauteur sans être aperçus. Ce poste ne pouvait plus se défendre : Léonidas, voyant le mal sans remède, renvoie ses alliés, et à la tête de trois cents Spartiates déterminés comme lui, il se dévoue à une mort certaine; il affronte l'ennemi, le repousse, en fait un horrible carnage; mais, accablé par le nombre, il meurt avec tous ses guerriers, un seul excepté, qui porta la nouvelle de l'action.

Le fugitif fut traité à Sparte comme un lâche déserteur, et répara depuis sa honte par une mort glorieuse.

L'héroïque dévoûment de Léonidas prouva à l'Europe et à l'Asie jusqu'à quel point le courage pouvait braver le nombre, et la liberté la puissance.

On éleva un monument aux Thermopyles en

l'honneur de Léonidas et de ses braves; on y lisait cette insciption :

PASSANT, VA DIRE A LACÉDÉMONE QUE NOUS SOMMES MORTS ICI POUR OBÉIR A SES LOIS.

Le passage des Thermopyles avait coûté vingt mille hommes à Xerxès. Plus furieux que jamais, le ravage, la mort et l'incendie suivent ses pas. Au milieu de ce désastre, il supposait les Grecs dans la consternation et le désespoir, lorsqu'il apprend qu'ils sont aux jeux olympiques, où une couronne d'olivier excite la plus vive émulation. *Quels hommes!* s'écrie un grand de sa suite, *quels hommes qui ne combattent que pour l'honneur!*

Le jour même du combat des Thermopyles, les deux flottes grecque et persane s'étaient rencontrées près d'*Artémisium*, promontoire de l'île d'Eubée. Sans être décisif, ce premier combat naval fut à l'avantage des Grecs, et leur prouva que le courage et l'habileté des manœuvres pouvaient quelquefois suppléer aux forces.

SUITE DU 5e SIÈCLE AVANT J.-C.

ARISTIDE ET THÉMISTOCLE, ATHÉNIENS.

(Voyez le tableau, deuxième colonne.)

SUITE DE LA GUERRE DES PERSES.

L'expédition de Xerxès ayant exposé la Grèce, ainsi que nous l'avons vu, aux plus grands périls,

Thémistocle, animé d'un zèle véritable, oublia une basse jalousie, et sollicita lui-même le rappel d'Aristide, dont les services étaient devenus nécessaires. Nous verrons désormais ces deux rivaux, pleins d'un noble patriotisme, agir de concert et avec ce sentiment généreux qui sacrifiera au bien public les animosités personnelles.

480. — PRISE D'ATHÈNES PAR LES PERSES. — Après la funeste journée des Thermopyles, les peuples du Péloponèse ne songeant qu'à défendre leur pays, avaient abandonné les Athéniens pour se retrancher à l'isthme de Corinthe. Privée de ses alliés, menacée d'une invasion prochaine, Athènes, sans moyen de défense, était sur le penchant de sa ruine. L'oracle de Delphes avait déclaré qu'elle ne trouverait son salut que *dans des murailles de bois*. Thémistocle persuada aux Athéniens que leurs vaisseaux étaient l'asile qui leur était désigné ; tous les hommes en état de porter les armes furent aussitôt embarqués ; le reste de la population se réfugia à Trézène, en Argolide ; quelques citoyens s'obstinant à ne point partir, s'étaient enfermés dans la citadelle : ils se défendirent jusqu'à la mort. XERXÈS S'EMPARA D'ATHÈNES et livra aux flammes la ville et la forteresse, goûtant ainsi le plaisir de la vengeance qu'une prompte révolution devait changer pour lui en amertume.

480. — BATAILLE DE SALAMINE. — Après la ruine d'Athènes, les Grecs, incertains d'abord sur le parti qu'ils devaient prendre, se laissèrent diriger par Thémistocle. Aristide lui-même vint lui offrir

de servir sous lui. La confiance mutuelle qui unissait alors ces deux grands hommes était le gage assuré de la victoire.

D'après l'avis de Thémistocle, la flotte des Grecs, fort inférieure en nombre à celle des Perses, se tint resserrée dans le détroit de Salamine, où les nombreux vaisseaux de l'ennemi ne pourraient manœuvrer librement. Un faux avis attire Xerxès dans le piége ; il ordonne aussitôt le combat : sans avoir le titre de général, Thémistocle en remplit les fonctions ; il fait des prodiges de valeur à Salamine et remporte une victoire complète sur la flotte ennemie. Avec moins de quatre cents voiles, les Grecs dissipèrent une armée navale qui en comptait, dit-on, plus de deux mille. THÉMISTOCLE s'immortalisa dans cette journée, une des plus mémorables de l'histoire.

Placé sur une hauteur, Xexcès était resté paisible spectateur du combat ; pendant ce temps, *Artémise*, reine d'Halycarnasse, avait combattu sur sa flotte avec une valeur héroïque.

Le fier monarque qui devait soumettre la Grèce s'enfuit lâchement après sa défaite, laissant trois cent mille hommes à *Mardonius* pour réparer ce désastre et venger son injure.

La victoire de Salamine valut à Thémistocle l'honneur de voir tous les Grecs *se lever en sa présence aux jeux olympiques ;* heureux de ce triomphe, il avoua que ce jour avait été le plus beau de sa vie : la gloire suffit aux vrais héros.

479. — BATAILLE DE PLATÉE. — L'union avait doublé les forces des Grecs : *Mardonius* cherche à

les diviser pour les soumettre; mais il employa vainement tous les moyens de séduction; le vertueux Aristide, alors premier archonte, fut inébranlable, et fit prononcer des anathèmes contre quiconque proposerait de trahir l'alliance nationale.

Mardonius, furieux, marche aussitôt contre l'ennemi qu'il ne peut corrompre; il fond sur Athènes et achève de détruire ce que les flammes avaient épargné l'année précédente; il annonce au roi de Perse comme un triomphe éclatant cette stérile victoire sur des ruines.

Les Spartiates, réservant leurs troupes pour la défense du Péloponèse, avaient refusé de secourir Athènes; mais, pressés de nouveau, ils se décidèrent enfin à envoyer cinq mille hommes, suivis chacun de sept esclaves armés. Les forces réunies des confédérés furent alors de soixante mille hommes, dont huit mille Athéniens seulement, ayant à leur tête Aristide. PAUSANIAS, tuteur d'un jeune roi de Sparte, avait le commandement général de l'armée.

Cependant Mardonius s'avance dans les plaines de la Béotie : craignant de manquer de vivres, et se livrant à l'impétuosité de son caractère, il veut combattre malgré les représentations de ses meilleurs officiers : les armées se rencontrent bientôt, et les Grecs remportent une éclatante victoire à PLATÉE. L'imprudent Mardonius périt dans l'action, et son armée fut taillée en pièces.

Cette bataille célèbre, gagnée par Pausanias, assura la liberté de la Grèce, et la délivra pour toujours des armées persanes.

Après la bataille de Platée, les Athéniens et les Spartiates se disputèrent le prix de la bravoure. Pour les mettre d'accord, il fut décerné aux Platéens.

Le butin partagé entre tous les vainqueurs inspira dès lors le goût des richesses et devint par la suite une source de corruption.

479. — Victorieux en Europe, les Grecs, sous le commandement de Xantippe, triomphèrent encore en Asie au COMBAT NAVAL DE MYCALE, qui eut lieu le même jour que la bataille de Platée.

Avec le secours des Ioniens, les Grecs achevèrent de ruiner la flotte et l'armée de Xerxès ; ce prince s'enfuit de Sardes*, après avoir ordonné que tous les temples des colonies grecques fussent brûlés et démolis ; vengeance absurde qui ne servit qu'à le rendre odieux et méprisable aux yeux d'un peuple qu'il n'avait pu conquérir.

Toutes les villes d'Ionie entrèrent dès lors dans la confédération des peuples de la Grèce, dont l'origine et la langue leur étaient communes ; elles se trouvaient dignes de la liberté dont l'influence opérait alors tant de prodiges.

478. — ATHÈNES RECONSTRUITE. — Enivrées de leurs victoires, les deux républiques rivales allaient bientôt devenir ennemies ; voici quel fut le premier motif de leur désunion :

Après la défaite totale des Perses, les Athéniens voulurent rebâtir et fortifier leur ville. Sparte s'y

---

* Dans l'Asie Mineure. Ce n'est plus aujourd'hui qu'un village appelé *Sart*.

opposa, alléguant le faux prétexte du bien public, qui ne permettait pas de conserver des places fortes hors du Péloponèse. Mais redoutant en effet la puissance maritime des Athéniens, et craignant qu'ils ne parvinssent au commandement qu'elle-même tenait tant à conserver, Thémistocle oppose la ruse à l'injustice. Tandis qu'il négocie avec les Spartiates, les murs d'Athènes sont relevés, et bientôt une circonstance nouvelle va donner aux Athéniens le commandement dont Sparte était si jalouse.

Pausanias commandait une flotte destinée à chasser les Perses des colonies où ils dominaient encore. Corrompu par les dépouilles de Mardonius, son faste et sa dureté tout à la fois l'avaient rendu odieux aux alliés : une haine générale éclata contre lui ; il fut soupçonné de favoriser l'ennemi.

Aristide, dont la vertu était inébranlable, fut appelé dès lors au commandement en chef de l'armée, et c'est ainsi que passa dans les mains d'Athènes l'autorité dont Lacédémone avait joui jusqu'alors dans la Grèce.

Pausanias, privé du titre de *généralissime*, continuait toutefois la guerre comme général ; mais soupçonné de nouveau, et tour à tour accusé et absous, il fut enfin convaincu d'entretenir des intelligences avec les Perses. Il se réfugia dans un temple, espérant ainsi se mettre à l'abri des poursuites ; mais les éphores, craignant de violer cet asile, en firent murer les portes, et il y mourut de faim.

470. — OSTRACISME CONTRE THÉMISTOCLE. — Thémistocle fut accusé d'être complice de Pausanias; on lui reprochait également un excès de vanité qui lui faisait mettre trop de prix aux services qu'il avait rendus; on murmurait surtout contre l'immense fortune qu'il avait acquise depuis qu'il se mêlait des affaires publiques. L'ostracisme fut prononcé contre lui, et une partie de ses trésors fut confisquée.

Après avoir erré en fugitif hors de la Grèce, il trouva un asile chez *Admète*, roi des Molosses, dont il avait autrefois combattu les intérêts. Le généreux Admète, après avoir accordé l'hospitalité à son ancien ennemi, refusa de le livrer aux Athéniens.

Thémistocle se retira ensuite en Perse, près d'*Artaxerxès*, surnommé *Longuemain*, fils et successeur de Xerxès; il gagna la confiance de ce prince en jurant une haine implacable à sa patrie.

574. — ADMINISTRATION D'ARISTIDE. — Malgré les réclamations de Sparte, les alliés, pour la première fois, reconnaissent les Athéniens comme chefs de la confédération.

ARISTIDE, digne de la confiance générale, est placé d'une voix unanime à la tête de l'administration et rétablit l'ordre par sa sagesse. Il manie les finances en homme aussi éclairé qu'incorruptible, et avec cette admirable économie qui semble doubler les trésors. Digne, plus que jamais, du surnom de *Juste*, son administration fut pour Athènes un temps de paix et de prospérité

En disposant des revenus de la Grèce, ce grand homme conserva sa pauvreté. On faisait un crime à Callias, son parent, l'homme le plus riche d'Athènes, de laisser dans l'indigence Aristide et sa famille. Mais Aristide lui-même déclara que Callias l'avait pressé vainement d'accepter des sommes considérables. « *Les biens superflus,* ajouta-t-il, *multiplient les désirs de l'homme, et le véritable moyen de vivre exempt de besoin et d'embarras est de se borner au pur nécessaire.* »

* Mort d'Aristide. — Aristide mourut dans cette honorable pauvreté : la république fit les frais de ses funérailles, et se chargea de l'entretien de sa famille.

On ignore le lieu et l'époque précise de la mort de ce grand homme, qui ne vécut que pour le bien et pour la gloire de son pays.

* Mort de Thémistocle. — Il était depuis plusieurs années à la cour de Perse et comblé de faveurs par Artaxerxès, lorsque ce prince, effrayé de la grandeur d'Athènes, voulut tenter, à l'exemple de ses prédécesseurs, de détruire un peuple qui lui portait ombrage.

Il ordonna à Thémistocle de prendre le commandement de ses armées ; mais l'amour de la patrie est un sentiment ineffaçable dans un cœur noble et généreux : Thémistocle rejeta les offres de l'ambitieux monarque, et préférant la mort à

* L'astérisque placé au lieu d'une date indique une époque incertaine ou inconnue.

la trahison, il s'empoisonna pour se délivrer d'une trop odieuse mission.

Telle fut la fin de cet homme célèbre, qui, après avoir rendu tant de services à sa patrie, en fut rejeté et alla mourir loin d'elle.

On ne connaît pas précisément l'époque de la mort de Thémistocle : on croit cependant que ce fut vers l'an 466 avant J.-C.

SUITE DU 5e SIÈCLE AVANT J.-C.

CIMON, ATHÉNIEN.

(Voyez le tableau, deuxième colonne.)

RIVALITÉ D'ATHÈNES ET DE SPARTE. — FIN DE LA GUERRE DES PERSES.

470. — CIMON, fils de Miltiade, était le digne élève d'Aristide, et remplaça dans l'administration de la république son maître et son modèle. Il augmenta la gloire de sa patrie par ses exploits et par sa politique habile, et mérita l'estime de ses concitoyens par de grandes vertus, et surtout par une probité irréprochable.

469. — VICTOIRES REMPORTÉES SUR LES PERSES. — Pour fixer la légèreté inquiète des Athéniens, Cimon chercha à les occuper contre les ennemis du dehors : chef de l'armée et de la flotte athé-

niennes, il combat les Perses sur terre et sur mer, et toujours avec avantage. En peu de temps, cet infatigable guerrier s'empare de la Thrace, et soumet toutes les villes que les Perses possédaient dans l'Asie Mineure. Depuis l'Ionie jusqu'à la Pamphilie, la gloire de ses armes porta la terreur jusqu'à la cour du grand roi *.

Cimon, couvert de lauriers, revint triomphant dans Athènes, et toutes les richesses qu'il avait acquises dans cette dernière guerre furent consacrées à l'embellissement de la ville et aux fortifications du port. Tant de services, toutefois, ne purent le mettre à l'abri de l'injustice des Athéniens.

460. — CIMON CONDAMNÉ A L'OSTRACISME. — Tandis qu'Athènes s'illustrait par les exploits d'un grand homme, Sparte s'était vue accablée de tous les malheurs à la fois : la ville entière avait été renversée par un tremblement de terre ; les esclaves, révoltés, s'étaient unis aux Messéniens, ennemis des Spartiates. Dans cette extrémité, on avait réclamé le secours d'Athènes.

Un parti nombreux, à la tête duquel se trouvait *Périclès,* dont nous parlerons bientôt, soutint alors qu'une ville rivale ne devait pas être secourue ; qu'il fallait même se féliciter de sa ruine. Le vertueux Cimon représenta avec tant de force

---

* Artaxerxès *Longuemain*, successeur de Xerxès Ier, régnait alors. (On donnait ce titre de *grand roi* à tous les monarques de Perse.)

la lâcheté de cet abandon, qu'il entraîna tous les suffrages : l'antique générosité l'emporta sur une politique cruelle et ambitieuse, et les secours furent accordés.

Cimon, chargé du commandement des troupes, marcha en Laconie avec quatre mille hommes, et délivra Sparte du péril dont elle était menacée.

Cette guerre, un instant suspendue, se ralluma de nouveau, et Cimon entra une seconde fois dans le Péloponèse ; mais il fut renvoyé par une injurieuse défiance.

Furieux de cette insulte, les Athéniens s'en prennent à l'illustre général, et l'*ostracisme* devient sa récompense.

La jalousie des deux républiques, qui jusque-là avait excité entre elles une noble émotion, devint dès ce moment une haine violente, prélude des plus grands malheurs.

455. — Bataille de Tanagre. — La guerre éclata bientôt entre les deux peuples rivaux. Les armées de Sparte et d'Athènes s'étant rencontrées en Béotie, livrèrent la sanglante bataille de Tanagre, funeste aux deux partis : la victoire resta incertaine.

Inquiets des résultats de la guerre, les mobiles Athéniens regrettèrent bientôt Cimon. *Périclès*, qui était devenu son rival, proposa lui-même son rappel. Cet illustre et vertueux citoyen revint après cinq ans d'exil, impatient de servir encore l'ingrate patrie qui l'avait repoussé de son sein.

350. — Traité entre les Spartiates et les Athéniens. — Le premier soin de Cimon à son

retour fut de mettre un terme à la guerre civile, fléau le plus cruel d'un état; il se hâta en conséquence de conclure un traité avec les Spartiates pour une TRÈVE DE TRENTE ANNÉES.

450, etc. — VICTOIRES DES ATHÉNIENS. — Pour prévenir les dissensions intestines, Cimon chercha de nouveau à occuper les Athéniens contre l'ennemi commun. Il prend les armes contre les Perses dans l'Asie Mineure, et les succès les plus éclatans sont le résultat de cette dernière tentative ; sa flotte est partout victorieuse.

448. — TRAITÉ AVEC LES PERSES, FIN DE LA GUERRE MÉDIQUE *. — Tant de défaites ayant abaissé enfin l'orgueil des Perses, leur roi, Artaxerxès, ordonna à ses généraux de faire la paix à tout prix : Cimon dicta les conditions du traité. Il fut convenu que toute ses villes grecques de l'Asie Mineure seraient déclarées libres et pourraient choisir les lois et le gouvernement qui leur conviendraient le mieux, et que les Perses ne pourraient plus naviguer depuis le Pont-Euxin (la mer Noire) jusqu'aux côtes de la Pamphilie dans l'Asie Mineure.

Ainsi se termina, à la gloire des Grecs, une guerre qui avait duré cinquante-et-un ans.

448. — MORT DE CIMON. — Cimon, couvert de gloire, mourut sous les murs de *Citium*, des suites d'une blessure qu'il avait reçue au siége de cette ville, au moment où allait se conclure le traité avec les Perses.

---

* On désignait ainsi la guerre contre les Perses.

Le gouvernement de Cimon doit être considéré comme une époque à la fois heureuse et brillante pour sa patrie. Il rendit la Grèce redoutable à ses ennemis, autant par sa politique habile que par les progrès immenses qu'il fit faire à la marine ; ce grand homme, en un mot, avait consommé l'ouvrage de ses prédécesseurs.

Les lettres et les beaux-arts, qui dès lors commençaient à faire partie de la gloire d'Athènes, trouvèrent également en lui un zélé protecteur.

Un auteur a dit de Cimon, qu'on retrouvait en lui le courage de Miltiade, la prudence de Thémistocle, et la justice d'Aristide.

Exercices sur le 5e siècle, de 491 à 448.

NOTA. *L'exercice sur le cinquième siècle est divisé en trois parties.*

491. — PREMIÈRE GUERRE DES PERSES. (*Miltiade.*)

Comment Darius déclara-t-il la guerre aux Grecs ? — Par quel motif? — En quelle année? — Quelle ville fut d'abord incendiée? — Quelle bataille célèbre fut livrée aux Perses? — Quel fut le vainqueur de Marathon? — Comment Miltiade fut-il récompensé d'abord? — Que devint-il ensuite? — Comment se termina la première guerre des Perses?

481. — DEUXIÈME GUERRE DES PERSES.

(*Léonidas, Aristide et Thémistocle.*)

En quelle année commença la deuxième guerre des Perses? — Sous quel roi de Perse? — Quelle fut la cause de cette guerre nouvelle? — Quelle fut l'action de Léonidas aux Thermopyles? — Quelle victoire remporta Thémistocle? — Quel fut le sort d'Athènes? — Où fut battu Mardonius, et par qui? — Que devint Pausanias? — Où se réfugia Thémistocle? — La Grèce fut-elle heureuse sous le gouvernement d'Aristide? — Comment ce grand homme avait-il été surnommé?

Par qui fut continuée la guerre des Perses, et dans quel pays? — Quand et comment se termina cette guerre? — Par qui fut conclu le traité? — Combien d'années en tout avait duré la guerre des Perses?

La rivalité d'Athènes et de Sparte n'avait-elle pas éclaté déjà à cette époque?

Comment mourut Cimon? — Que doit-on penser de son gouvernement et de son caractère?

SUITE DU 5e SIÈCLE AVANT J.-C.

PÉRICLÈS, ATHÉNIEN.

(Voyez le tableau, deuxième colonne.)

GUERRE DU PÉLOPONÈSE.

448. — PÉRICLÈS, fils de Xantippe *, avait acquis depuis long-temps déjà une grande influence dans les affaires de la Grèce; la mort de Cimon le laissa maître du gouvernement. Délivré de ce rival, il affermit de plus en plus sa puissance, mal-

---

* Le vainqueur de Mycale.

gré les efforts de l'aristocratie, qui lui opposa vainement Thucydide, beau-frère de Cimon.

Nul homme n'était plus propre que Périclès à gouverner les Athéniens. Moins distingué par l'éclat de sa naissance que par la supériorité de son génie, il possédait des connaissances profondes, un discernement sûr et une éloquence entraînante à laquelle on ne pouvait résister.

Athènes, à cette époque, offrait un brillant assemblage des hommes les plus distingués dans tous les genres. Parmi les plus illustres nous citerons les philosophes *Anaxagore*, *Socrate* et *Pythagore*; *Pindare*, poète lyrique; *Eschyle*, *Sophocle* et *Euripide*, poètes tragiques; *Hérodote* et *Thucydide*, historiens célèbres; le sculpteur *Phidias*, l'ami de Périclès, et *Zeuxis*, peintre fameux.

On doit placer encore au rang des personnages marquans de cette époque, *Aspasie*, de Milet, également distinguée par son génie, sa science et sa beauté; les plus illustres philosophes écoutèrent les leçons de cette femme célèbre. Périclès, qui l'avait épousée, après l'avoir aimée long-temps, prétendait lui devoir son éloquence.

L'histoire nous présente à différentes époques une heureuse réunion de grands hommes et de grandes choses. *Le siècle d'Auguste*, le *siècle de Louis XIV* nous en ont offert l'exemple; mais alors les grands génies, les grands talens furent en quelque sorte d'imitation; il existait de grands modèles en tous genres. Les Grecs, au contraire, durent tout à eux-mêmes et rien aux autres; ils eurent à la fois le mérite de créer et de perfectionner. On ne peut donc considérer sans étonnement comme sans admiration les prodiges qu'enfanta cette époque si remarquable dans l'histoire de l'esprit humain, et qu'on a désignée depuis sous le nom de SIÈCLE DE PÉRICLÈS.

Six années de paix donnèrent à Périclès le loisir nécessaire pour s'occuper des embellissemens d'Athènes; bientôt elle fut ornée d'édifices, de statues, de monumens biens supérieurs aux ouvrages des Égyptiens, et qui devaient en faire la première ville du monde.

Le peuple, flatté d'abord, murmura ensuite des frais énormes qu'entraînaient ces immenses travaux. Périclès offrit de les payer de ses propres deniers, pourvu toutefois qu'on inscrivît sur les colonnes de ces monumens que lui seul les avait érigés. La vanité athénienne rejeta cette offre; on le laissa maître de puiser dans le trésor. Ayant triomphé en même temps de l'opposition de Thucydide, il le fit bannir par l'ostracisme. Supérieur dès lors à toutes les factions, il ménagea moins le peuple et fut roi au titre près.

440. — PRISE DE SAMOS. — Pour détourner l'attention et les plaintes des Athéniens, Périclès songea à les occuper au dehors. Samos et Milet étaient en guerre : Périclès prend parti pour les Milésiens; il assiége Samos, et bientôt cette ville est soumise et passe sous la domination des Athéniens.

439, etc. — Marchant de succès en succès, Périclès est vainqueur en Thrace, dans le Pont et sur les côtes du Péloponèse. Il menace de ses armes l'Égypte, la Sicile et Carthage même; de toutes parts enfin il fait respecter le nom d'Athènes.

432. — Siége de Potidée. — Les exploits et la puissance des Athéniens avaient excité la haine et la jalousie de tous les peuples alliés : une éclatante rupture devait en être la suite. Voici l'événement qui en fut le prétexte.

Les Athéniens assiégeaient Potidée, colonie de Corinthe, dont les habitans, après avoir été soumis au tribut, s'étaient révoltés. Les Corinthiens, mécontens, portent leurs plaintes à Sparte, et insistent sur la nécessité de mettre un frein à l'ambition d'Athènes. Mais les Spartiates hésitent pour prendre les armes, et se bornent à demander aux Athéniens de lever le siége de Potidée. Périclès s'y oppose, et son refus devient le signal de la guerre civile du Péloponèse, l'événement le plus funeste de cette époque.

431. — Guerre du Péloponèse. — Sparte et presque tout le Péloponèse, ainsi que la Phocide et la Béotie, formèrent contre Athènes une ligue formidable. L'armée des alliés montait à soixante mille hommes. Athènes n'en avait au plus que trente mille, au nombre desquels étaient seize mille habitans de tout âge, armés pour la défense de leur ville.

Nous n'entrerons point dans le détail des divers événemens qui eurent lieu dans cette première campagne; il nous suffira de dire que les Athéniens, inférieurs en nombre, furent plus d'une fois vaincus sur terre, mais qu'au moyen de leurs nombreux vaisseaux, ils conservèrent sur mer toute leur supériorité, et se vengèrent ainsi des ravages exercés dans l'Attique.

L'effet ordinaire des querelles intestines est de rendre malheureux tous les peuples qui y prennent part; les deux républiques souffrirent donc également. Le fléau de la peste s'étant joint pour Athènes à celui de la guerre civile, elle fut accablée de tous les maux en même temps. On eut l'injustice d'en accuser Périclès; il fut mis en jugement, condamné à une amende, et privé de ses emplois. Mais les Athéniens, attaqués de nouveau par leurs ennemis, sentirent bientôt que les conseils de ce grand homme leur étaient nécessaires, et ce peuple inconstant rappela avec enthousiasme celui qu'il avait banni avec légèreté.

429. — Mort de Périclès. — La guerre du Péloponèse durait encore, et la peste n'avait point cessé ses ravages, lorsque Périclès, atteint lui-même de la contagion, mourut victime de ce fléau destructeur.

Cet homme extraordinaire fit du bien et du mal au peuple qu'il gouverna : on doit sans doute lui reprocher en partie les maux qu'entraîna pour la Grèce la guerre du Péloponèse; mais ce ne fut pas moins un prodige d'habileté d'avoir fixé pendant tant d'années la légèreté inquiète des Athéniens.

De nombreuses victoires, des progrès immenses dans les sciences, les arts, le commerce et la marine, fournissent également une ample matière à son éloge, et forment du temps où il vécut une des époques les plus remarquables dans l'histoire de l'esprit humain.

Une révolution toutefois se préparait dans la Grèce ; les mœurs étaient relâchées, la constitution de Solon presque entièrement détruite ; Athènes enfin, à cette époque réunissait les élémens de prospérité et de corruption qui annoncent à un peuple qu'il est parvenu au faîte de sa gloire, et qu'il touche au premier degré de sa décadence.

SUITE DU 5e SIECLE AVANT J.-C.

CLÉON, ATHÉNIEN.

(Voyez le tableau, deuxième colonne.)

SUITE DE LA GUERRE DU PÉLOPONÈSE.

429. — La renommée des grands hommes s'accroît par la médiocrité de leurs successeurs : la comparaison fait sentir alors toute l'étendue de la perte qu'on a faite. C'est ce qu'on éprouva à Athènes en voyant le gouvernement passer des mains de Périclès dans celles de *Cléon*. Vil déclamateur, homme vain et téméraire, Cléon s'était rendu agréable au peuple en flattant des passions qu'il partageait.

L'aristocratie lui opposait *Nicias*, qui avait commandé les armées avec quelque succès; mais il l'emporta sur son compétiteur, et resta à la tête de l'administration et de l'armée.

429, etc. — SUITE DE LA GUERRE DU PÉLOPONÈSE. — Cette guerre, commencée sous Périclès, se poursuivit sous Cléon avec une nouvelle fureur; des combats multipliés, une alternative continuelle de revers et de succès, tels furent pour Athènes et Sparte les résultats de cette nouvelle campagne.

426. — PESTE. — Tandis que la guerre continuait entre les deux républiques rivales, la peste, qui avait fait d'affreux ravages peu d'années auparavant, reparut de nouveau, et vint mettre le comble aux calamités publiques Autant l'époque précédente avait été heureuse et brillante pour Athènes, autant celle-ci lui était funeste.

422. — DÉFAITE DES ATHÉNIENS. — Les hostilités, quelque temps suspendues, se renouvellent plus vivement que jamais : Cléon, à la tête des Athéniens, rencontre *Brasidas*, qui commandait les Spartiates. On combat avec fureur sous les murs d'Amphipolis. Les Athéniens sont vaincus, et Cléon est obligé de prendre la fuite.

422. — MORT DE CLÉON. — Poursuivi après sa défaite, Cléon fut atteint et tué par l'ennemi. Brasidas périt également dans le combat.

SUITE DU 5e SIÈCLE AVANT J.-C.

NICIAS, ATHÉNIEN.

(Voyez le tableau, deuxième colonne.)

RÉTABLISSEMENT DE LA PAIX.

422. — La mort de Cléon avait placé Nicias à la tête de l'administration d'Athènes. Autant Cléon était violent et téméraire, autant Nicias était froid et timide. Possédant quelques talens pour la guerre, il n'en avait aucun pour l'intrigue, et était incapable de résister à un dangereux rival; aussi le verrons-nous bientôt éclipsé par Alcibiade, comme il l'avait été déjà par Cléon.

422. — Paix de Nicias. — Également affaiblies par une guerre ruineuse et destructive, les deux républiques désiraient en voir le terme; on dut à la médiation de Nicias *une trêve de cinquante ans*, convertie peu après en une ligue offensive et défensive entre les deux peuples.

Le rétablissement de la paix fut célébré avec transport par les Athéniens. Mais le calme, si désiré, si nécessaire, ne fut que passager. La haine et l'ambition étaient restées dans les cœurs, et malgré les efforts du sage et prudent Nicias, nous verrons bientôt les intrigues d'Alcibiade rallumer les brandons de la discorde, et renouveler l'embrasement général.

SUITE DU 5e SIÈCLE AVANT J.-C.

ALCIBIADE, ATHÉNIEN.

(Voyez le tableau, d'abord la deuxième colonne, puis la première.)

SUITE DE LA GUERRE DU PÉLOPONÈSE.—EXPÉDITION EN SICILE.

421. — ALCIBIADE, descendant d'Ajax, était fils de Clinias et neveu de Périclès; disciple chéri du philosophe Socrate, il ne possédait toutefois ni la sagesse ni les vertus de son maître. Son principal désir était de dominer, et depuis long-temps déjà il aspirait au gouvernement d'Athènes.

Riche, brave, spirituel, rempli de grâce et d'agrément, Alcibiade réunissait tout ce qui peut éblouir la multitude; il aimait le plaisir, il protégeait les arts et prodiguait ses dons au peuple, dont il était l'idole, et qu'il semblait gouverner avec un sceptre de fleurs. Capable néanmoins de revêtir toutes les formes, tous les caractères, il cachait sous une apparente légèreté une ambition profonde qui devait causer un jour le malheur de sa patrie et le sien.

419. — NOUVELLE GUERRE DU PÉLOPONÈSE. — Sparte et Athènes se plaignaient de quelques infractions au traité. Alcibiade, qui fondait ses projets ambitieux sur les troubles et sur la guerre, saisit l'occasion de reprendre les hostilités, et malgré l'opposition de Nicias, la guerre fut bientôt déclarée. Alcibiade, nommé général, entra en Laconie, où il eut d'abord quelques avantages. Cette campagne se passa en petits combats partiels sans résultats positifs.

Cependant le peuple regrettait la paix : on accusait Alcibiade de l'avoir troublée par son ambition; on lui reprochait en même temps ses intrigues, sa légèreté et la dissolution de ses mœurs. Pour faire diversion aux attaques de ses ennemis, il se servit d'un moyen puéril en apparence, mais qui prouve à quel point il connaissait la légèreté des Athéniens.

Il avait un chien fort beau et d'un grand prix : il imagina un jour de lui faire couper la queue; ce fut la nouvelle d'Athènes : il apprit qu'on le blâmait généralement d'avoir mutilé ce bel animal : *Tant mieux*, dit-il en riant; *je veux que les Athéniens parlent de mon chien pour qu'ils se taisent sur ma conduite.* Alcibiade donna bientôt des motifs plus graves à la critique.

415. — SIÉGE DE SYRACUSE. — Formant au sein des plaisirs les projets les plus audacieux, Alcibiade méditait la conquête de la Sicile, pour s'em-

parer ensuite de Carthage, et de là se rendre maître du Péloponèse. Nicias voulut en vain démontrer la témérité d'une telle entreprise; l'éloquence, les grâces d'Alcibiade enchantaient le peuple et lui soumettaient tous les esprits. La guerre fut donc résolue, et on se disposa à assiéger Syracuse, ville capitale de la Sicile. Alcibiade fut chargé de diriger cette expédition ; on lui associa deux collègues, *Nicias* et *Lamachus*.

La Sicile, peuplée en partie de colonies grecques, avait obéi long-temps à des rois ou *tyrans*; mais depuis l'an 466 elle avait secoué le joug et adopté le gouvernement populaire. Les Syracusains jouissaient donc des avantages de la liberté, et se rendaient redoutables à leurs voisins, lorsque les Athéniens prirent les armes pour conquérir leur pays.

Les préparatifs se firent en diligence, et l'armée allait partir, lorsqu'un événement singulier remplit la ville de tumulte et de terreur : les statues de Mercure se trouvèrent mutilées ; c'était un sacrilége aux yeux des Athéniens. Alcibiade en fut accusé ; mais l'embarquement ne pouvant se différer, l'affaire fut suspendue.

La flotte part en effet ; on arrive, on débarque. Déjà l'armée avait obtenu quelques succès sous les murs de Syracuse, lorsque Alcibiade reçut l'ordre de revenir pour être jugé. Redoutant l'arrêt d'un peuple aussi superstitieux que volage, il s'échappa des mains de ceux qui le conduisaient, et s'enfut à Sparte, jurant une haine mortelle à sa patrie.

Les Athéniens le condamnèrent à mort par contumace*. A la nouvelle de cette sentence, il s'écria : *Je leur ferai bien voir que je vis encore.* Trop fidèle à ce serment, il contribua à la ruine de sa patrie, en appuyant près des Spartiates les sollicitations des Syracusains qui réclamaient leur secours.

413. — DÉFAITE DES ATHÉNIENS. — Le commandement des troupes, enlevé à Alcibiade, avait été remis aux mains de Nicias; mais les incertitudes et la timide lenteur de ce général augmentaient la difficulté de l'entreprise, et donnèrent le temps aux assiégés de préparer leurs moyens de défense et de recevoir les secours promis.

Enfin, après d'inutiles efforts de courage, les Athéniens furent complètement défaits sous les murs de Syracuse. Nicias fut pris et mis à mort.

Cette expédition insensée porta le coup le plus funeste à la puissance d'Athènes. Les alliés embrassèrent successivement le parti de Lacédémone, regardé comme le plus juste dès qu'il devint le plus fort.

411. — ALCIBIADE RAPPELÉ. — Le frivole Athénien, réfugié d'abord à Sparte, et ensuite en Perse, avait adopté successivement les mœurs et coutumes des différens peuples qui lui donnaient asile; il semblait, en un mot, avoir oublié Athènes, ou du moins il ne s'en souvenait que pour exciter ses ennemis contre elle.

---

* *Contumace,* terme de procédure, qui signifie qu'un accusé a refusé de comparaître devant le juge.

Mais tandis qu'il exerçait à l'étranger une fatale influence, des dissensions continuelles déchiraient sa malheureuse patrie : le gouvernement d'Athènes avait été changé, et l'autorité confiée à quatre cents citoyens qui cassèrent le sénat, méprisèrent les lois et se rendirent odieux par leur tyrannie.

L'armée, qui était à Samos, refusait d'accéder à ces changemens, et rappela Alcibiade. Mobile dans ses résolutions, non moins que ses compatriotes, il s'empressa de se rendre à leurs vœux, et fut reçu avec enthousiasme. Miltiade n'avait pu obtenir une couronne de lauriers; on offrit au banni une couronne d'or ; le commandement général des forces de terre et de mer lui fut confié, et bientôt il redevint l'idole d'un peuple léger et inconstant.

De 411 à 407. — VICTOIRES D'ALCIBIADE. — Heureux de commander encore les Athéniens, Alcibiade, à leur tête, remporte de nombreuses victoires ; il triomphe successivement des Spartiates et des Perses, dont il avait été naguère l'ami et l'allié ; tous les ennemis d'Athènes enfin sont forcés de lui rendre les armes, et il revient couvert de lauriers et chargé de butin.

L'époque du second commandement d'Alcibiade fut la plus brillante pour les Athéniens, dans cette longue guerre du Péloponèse.

405. — ALCIBIADE BANNI DE NOUVEAU. — Après tant de succès, un léger échec essuyé par un de ses lieutenans fait perdre à Alcibiade la confiance des Athéniens ; il est déposé; dix généraux le rem-

placent, et le peuple condamne au bannissement le guerrier auquel il doit sa gloire, et que peu de temps avant il aurait voulu porter au trône.

Retiré en Perse une seconde fois, Alcibiade conserva dans l'exil le souvenir et l'amour de sa patrie. Il entreprit, quelques années plus tard, de la délivrer des tyrans qui l'opprimaient; mais les Spartiates, redoutant ses intrigues, engagèrent le satrape *Pharnabaze* à le faire assassiner. Après avoir tenté vainement de se défendre contre ses meurtriers, il succomba sous leurs coups (en 404).

Ainsi périt, à l'âge de quarante ans, cet homme singulier, qui réunissait dans son caractère les deux extrêmes du vice et de la vertu, et qui fut tour à tour la gloire et le fléau de sa patrie.

SUITE DU 5e SIÈCLE AVANT J.-C.

CONON, ATHÉNIEN.

(Voyez le tableau, deuxième colonne.)

SUITE ET FIN DE LA GUERRE DU PÉLOPONÈSE.

406. — Après le bannissement d'Alcibiade, CONON l'avait remplacé dans le commandement des troupes athéniennes. Sparte, vers la même époque, avait révoqué *Lysandre,* dont elle redoutait l'ambition,

406. — BATAILLE DES ARGINUSES. — Les Spartiates, sous la conduite de *Callicatridas*, tenaient assiégée Mytilène. Conon, bloqué dans le port de cette ville, demande et reçoit des secours d'Athènes; il attaque alors l'ennemi et triomphe au combat naval des *Arginuses*, près Lesbos. Callicatridas périt dans l'action, après avoir fait des prodiges de valeur.

Les Athéniens ternirent la gloire qu'ils avaient acquise aux Arginuses par une étrange injustice.

Un préjugé venu d'Égypte faisait dépendre de la sépulture le bonheur de l'autre vie; Conon avait en conséquence destiné cent galères au soin d'enlever les morts. Une tempête s'étant opposée à l'exécution de ses ordres, six des généraux qui en avaient été chargés furent condamnés à mort pour un crime imaginaire, au lieu d'être récompensés pour des services réels et importans.

405. — COMBAT NAVAL D'EGOS-POTAMOS. — Impatiens de venger leur défaite, les Spartiates rappellent LYSANDRE, dont les talens paraissaient seuls capables de réparer les derniers désastres.

Quelques légers succès préludent bientôt à une victoire plus importante : les Athéniens, avec cent galères, lui présentent la bataille; il feint de la refuser; mais dans le moment où l'armée, sans défiance, est dispersée sur le rivage, Lysandre attaque la flotte, et les Athéniens sont vaincus au combat naval d'Egos-Potamos.

L'armée de terre fut taillée en pièces, et trois mille prisonniers athéniens furent massacrés comme par droit de représailles. On avait eu la même cruauté pour des prisonniers spartiates.

404. — SIÉGE ET REDDITION D'ATHÈNES. — Le vainqueur d'Egos-Potamos vient assiéger Athènes, qui est attaqué par mer et par terre. Ces Athéniens, naguère si heureux, si brillans, mais accablés aujourd'hui sous le poids de l'infortune, avaient perdu toute énergie ; ils cèdent au lieu de se défendre, et après un siége de six mois, ils consentent à capituler.

Les Corinthiens voulaient qu'Athènes fût détruite ; Lysandre, qui dirigeait tout à Sparte, s'y opposa, disant que *détruire cette ville c'était crever un des yeux de la Grèce.*

404.— TRAITÉ.— FIN DE LA GUERRE DU PÉLOPONÈSE. — Après de longues négociations, un traité fut conclu entre les Spartiates et les Athéniens. Voici quelles en furent les principales conditions : Que les fortifications du *Pyrée*, port d'Athènes, seraient détruites ; que les Athéniens livreraient toutes leurs galères, excepté douze ; qu'ils abandonneraient toutes les places dont ils s'étaient emparés, et qu'enfin ils ne feraient la guerre désormais que sous les ordres des Spartiates.

La famine força les Athéniens à ratifier ce honteux traité. Après sa conclusion, Lysandre entra dans la ville, abolit la démocratie, établit trente tyrans pour gouverner Athènes, et mit une garnison dans la citadelle.

Ainsi fut terminée, au bout de *vingt-sept* ans, cette guerre du Péloponèse, que l'ambition fit naître, que la haine rendit atroce, et qui fut aussi funeste aux Grecs que leur ancienne confédération leur avait été avantageuse.

Dès ce moment, Athènes cessa d'occuper le premier rang dont elle avait été si jalouse, et Sparte, sans rivale, ne trouva bientôt plus d'ennemis dans la Grèce.

CONON, après les malheurs de sa patrie, se retira d'abord auprès d'*Evagoras*, roi de Cypres, et ensuite en Perse, où il fut conduit par le désir de servir encore les Athéniens, en implorant pour eux les secours d'*Artaxerxès Mnémon*, qui régnait dans ce pays.

Suite de l'exercice sur le 5e siècle, de 448 à 421.

448, etc. — PÉRICLÈS. — Après la mort de Cimon, quel homme célèbre gouverna Athènes? — Quels talens possédaient Périclès? — Comment désigne-t-on le siècle où il vécut? — En quoi cette époque est-elle aussi remarquable?

431. — GUERRE DU PÉLOPONÈSE. — Quelle fut la cause de la guerre du Péloponèse? — Quels en furent les premiers résultats? — De quoi Périclès fut-il accusé? — Comment mourut-il? — Quels reproches a-t-on droit de lui faire? — Quels éloges a-t-il mérités?

Après la mort de Périclès, par qui fut continuée la guerre du Peloponèse? — Comment fut-elle suspendue?

ALCIBIADE, etc. — Par qui fut rallumée cette guerre? — Quel était le caractère d'Alcibiade? — Quel projet forma-t-il? — Quel fut le résultat de son expédition en Sicile? — Que devint ensuite Alcibiade? — Par qui fut-il remplacé dans le commandement des troupes athéniennes? — Quels furent les nouveaux événemens de la guerre du Péloponèse? — Quel fut le vainqueur au combat naval des Arginuses? — En quelle année?

— Quel fut le vainqueur à Egos-Potamos? — Par qui fut assiégée et prise la ville d'Athènes? — Quand et comment se termina la guerre du Péloponèse? — Combien avait-elle duré?

SUITE DU 5e SIÈCLE AVANT J.-C.

LYSANDRE, SPARTIATE.

(Voyez le tableau, première colonne.)

404. — Lysandre, de la race des Héraclides, était tuteur d'un jeune roi de Sparte. Depuis longtemps, ainsi que nous l'avons vu, il commandait les troupes spartiates et exerçait une grande influence dans le gouvernement. Brave, habile, insinuant, ambitieux surtout, il était fait pour arriver au plus haut degré de la gloire, si ses vertus eussent égalé ses talens; ses dernières victoires ayant assuré à Sparte la prééminence dans les affaires de la Grèce, il se trouva dès lors, ainsi que sa patrie, placé au premier rang.

404. — Maître à la fois d'*Athènes* et de *Sparte*, Lysandre abolit la démocratie dans plusieurs villes maritimes, et gouverna les deux républiques avec l'autorité d'un souverain.

403. — Ne rencontrant plus d'obstacles à son ambition, Lysandre soumet à sa domination toutes les villes de la Grèce, et envoie à Sparte d'im-

menses richesses, fruit de ses dernières conquêtes. On délibéra pour savoir si l'on recevrait ces trésors proscrits par Lycurgue. Les *éphores* voulaient qu'on refusât ce funeste présent; le peuple décida qu'il serait reçu et *non partagé*, et qu'on l'emploierait aux dépenses publiques.

C'est ainsi que les richesses, inconnues jusque alors à Sparte, pénétrèrent dans ses murs : l'or amena à sa suite la corruption des mœurs, et l'on doit regarder le gouvernement de Lysandre comme l'époque de la décadence de cette république célèbre.

403. — ATHÈNES SOUS LES TRENTE TYRANS. — Cependant Sparte était libre encore, tandis qu'Athènes gémissait sous une cruelle oppression. Les *trente archontes*, nommés par Lysandre pour gouverner les Athéniens, étaient autant de tyrans; ils inspiraient l'horreur et le mépris qui accompagnent toute domination établie contre l'opinion publique par une force étrangère. Environnés d'ennemis, ces hommes, aussi pusillanimes que barbares, ne se rassuraient eux-mêmes que par des emprisonnemens et des supplices. Selon Xénophon, les trente tyrans firent massacrer en huit mois de paix plus de citoyens qu'il n'en avait péri en trente années de guerre. Cette exagération prouve assez la grandeur du mal.

Le but de tant de barbarie était, en inspirant la terreur, de soumettre toutes les villes de la Grèce aux volontés arbitraires de Sparte, ou plutôt de Lysandre, qui gouvernait en despote. Mais celui ci ayant abusé de son pouvoir, les éphores et les rois mêmes s'effrayèrent de sa toute-puissance et le rappelèrent à Sparte; ils rétablirent ensuite le gouvernement démocratique dans plusieurs villes, et préparèrent ainsi la révolution qui bientôt allait rendre Athènes à la liberté.

Dès ce moment LYSANDRE perdit l'influence qu'il avait eue dans la Grèce. Ses talens, son adresse surtout, la lui avaient aquise; son ambition et sa cruauté devaient bientôt l'en priver pour toujours. Nous le verrons cependant reparaître plus d'une fois encore, jusqu'au moment où il périt dans un combat, l'an 395 avant J.-C.

SUITE DU 5e SIÈCLE AVANT J.-C.

THRASYBULE, ATHÉNIEN.

(Voyez le tableau, deuxième colonne.)

402. — DÉLIVRANCE D'ATHÈNES. — Les Athéniens, sans force, sans espérance, tombaient chaque jour sous les coups des tyrans, lorsque enfin ils trouvèrent un vengeur dans THRASYBULE, citoyen aussi distingué par son courage que par sa naissance.

Thrasybule attaque sans hésiter trois mille hommes que commandent les trente archontes, oppresseurs des Athéniens. LES TRENTE TYRANS

SONT VAINCUS ET MASSACRÉS, et l'illustre général brise ainsi les fers de sa patrie.

401. — AMNISTIE. — RÉTABLISSEMENT DE LA PAIX. — Après avoir détruit les tyrans, repoussé les Spartiates, et rétabli l'ancien gouvernement d'Athènes, Thrasybule, abjurant tous sentimens de haine, fit publier une amnistie générale : par là, il éteignit le flambeau de la discorde et consolida la paix intérieure, cruellement troublée depuis tant d'années.

Le commandement des troupes resta entre les mains de Thrasybule, et les Athéniens, fidèles cette fois à la reconnaissance, conservèrent toujours une grande vénération pour le libérateur de la patrie.

SUITE DU 5e SIÈCLE AVANT J.-C.

XÉNOPHON, SPARTIATE.

RETRAITE DES DIX MILLE.

(Voyez le tableau, première colonne.)

401. — EXPÉDITION EN PERSE. — BATAILLE DE CUNAXA. — A peine la tranquillité était-elle rétablie dans la Grèce, qu'une expédition célèbre vint de nouveau fixer l'attention. Avant d'entreprendre

le récit de cet événement, nous jetterons un coup d'œil rapide sur la situation de la monarchie persane à cette époque *.

Darius II, surnommé *Nothus*, était mort; il avait laissé l'empire à son fils aîné Artaxerxès Mnémon; le jeune *Cyrus*, frère d'Artaxerxès, commandait alors dans l'Asie Mineure. Ce jeune prince, dévoré d'ambition, résolut de détrôner le nouveau roi, et engagea dans son parti les Spartiates, dont il s'était montré le protecteur. Treize mille Grecs se joignirent à lui sans connaître les projets de leur chef et leur destination.

Cyrus avait en outre rassemblé cent mille barbares, et bientôt, à la tête de ses troupes, il marche sur Babylone. Artaxerxès, de son côté, s'avance avec une innombrable armée : on se rencontre à *Cunaxa*.

Cléarque, général lacédémonien, conseillait au jeune Cyrus de ne point exposer sa personne. *Eh quoi!* répondit ce prince, *lorsque je cherche à me faire roi, veux-tu que je me montre indigne de l'être?* Des deux côtés on combat avec acharnement, et Cyrus, vaincu, est tué dans la bataille.

Tandis que son armée se dérobe par la fuite à la vengeance du vainqueur, les Grecs seuls résistent avec une incroyable intrépidité à cette multitude d'ennemis qui les attaquent en même temps; ils déclarent qu'ils mourront plutôt que de rendre les armes, et se retirent en bon ordre au delà du

---

* Voyez le *tableau des rois de Perse*, page 56.

fleuve, après avoir vaincu deux fois les troupes qu'on leur oppose.

De 401 à 400. — RETRAITE DES DIX MILLE. — — Cléarque et les principaux chefs de l'armée spartiate, attirés dans un piége, avaient été immolés par l'ennemi; XÉNOPHON et quatre autres officiers furent choisis à leur place. Dirigés par eux, dix mille Grecs effectuent leur retraite à travers d'innombrables dangers. Résolus de tout entreprendre plutôt que de céder, ils brûlent leurs tentes, leurs bagages, et se forment en *bataillon carré* pour faire face de toutes parts à l'ennemi. Enfin, attaqués sans cesse dans leur retraite, et toujours victorieux, ils revinrent par l'Hellespont * dans leur patrie, où ils furent reçus avec l'admiration que méritaient tant de constance et de valeur.

Ainsi se termina cette retraite des dix mille, célèbre dans l'histoire : elle avait duré dix-neuf mois, pendant lesquels ces intrépides guerriers avaient fait une marche de six cents lieues selon quelques historiens, et de treize cents lieues selon d'autres.

Témoin et acteur de la *retraite des dix mille*, Xénophon en fut aussi l'historien; le charme et la douceur de son style le firent surnommer *l'abeille attique;* son récit toutefois paraît suspect à quelques égards : il donne au jeune Cyrus des éloges exagérés. Quelque mérite que pût avoir ce prince, on ne peut oublier qu'il porta la guerre dans sa

---

* Détroit des Dardanelles.

patrie pour son propre intérêt ; on doit donc blâmer sa coupable ambition et condamner son entreprise.

Xénophon, plus connu comme historien que comme guerrier, cessa à cette époque de jouer un rôle dans les affaires de la Grèce ; mais la célébrité qu'il avait acquise, et celle qu'il a donnée à l'expédition des Grecs, ont suffi pour immortaliser son nom.

SUITE DU 5e SIÈCLE AVANT J.-C.

SOCRATE, PHILOSOPHE ATHÉNIEN.

(Voyez le tableau.)

401. — Au moment où dix mille Spartiates accroissaient la renommée de la Grèce, Athènes, que n'avait pu corriger le malheur, flétrit la sienne par le procès de Socrate. Ce philosophe célèbre que l'oracle avait déclaré *le plus sage des Grecs*, et que la voix des siècles a proclamé le plus sage des hommes, possédait au plus haut degré les plus rares vertus : intrépide guerrier, citoyen courageux, il était dans la vie privée un modèle de patience, de tempérance et de désintéressement ; digne, en un mot, d'estime et de reconnaissance, il ne trouva que des ingrats.

Dévoué à l'instruction de la jeunesse, Socrate eut pour disciples les hommes les plus distingués de son siècle; *Alcibiade*, *Platon* et *Xénophon* furent de ce nombre. Presque tous les jeunes Athéniens suivirent ses leçons.

Socrate professait la religion de son pays; mais, s'élevant au-dessus des préjugés vulgaires, il reconnaissait un Dieu suprême, auteur et conservateur de l'univers.

S'étant appliqué à l'étude du cœur humain, il enseignait à ses disciples la morale la plus pure et la plus sage. Nous citerons ici quelques-unes de ses maximes :

L'oisiveté avilit, et non le travail.

Il faut se tenir dans un état de guerre continuel contre ses passions, et de paix avec les passions des autres.

Moins on a de besoins, plus on approche des dieux.

La véritable gloire consiste dans la vertu.

Le vrai bonheur est d'être bon parent, bon ami, bon citoyen.

La plus grande et la plus dangereuse des impostures est de prétendre gouverner les hommes sans en avoir le talent.

400. — PROCÈS ET MORT DE SOCRATE. — Les

principes que professait Socrate lui attiraient l'inimitié des superstitieux et des hypocrites, qui bientôt conspirèrent sa perte. On l'accusa de vouloir établir un culte nouveau et de corrompre l'esprit de la jeunesse. *Anitus* et *Mélitus*, noms infâmes dans l'histoire, furent les chefs du complot. *Aristophane*, qui n'épargnait rien dans ses comédies satiriques, irrité de ce que Socrate n'approuvait point sa licence, lui porta les premiers coups, en le représentant sur la scène, dans la comédie des *Nuées*, comme un sophiste dangereux et comme un impie.

Accusé de toutes parts, Socrate se justifie par le simple exposé de sa conduite. Sa noble fierté irrite les juges, et cet homme célèbre, qu'avaient épargné les trente tyrans, est condamné par ses concitoyens à boire la ciguë * (c'était alors la peine capitale).

Ayant entendu prononcer son arrêt, il dit sans s'émouvoir : *La nature, avant vous, m'avait condamné à mourir; mais la vérité condamne vous et mes accusateurs à des remords éternels.*

Socrate resta trente jours en prison. Ses amis ayant trouvé un moyen de faciliter son évasion, l'engageaient à prendre la fuite ; il s'y refusa en disant que *ce serait outrager les lois.*

Lorsque l'instant fatal fut venu, le courageux philosophe adressa à ses amis de touchans adieux, et après avoir embrassé ses enfans, il saisit la

* La ciguë est un poison.

coupe qui contenait la ciguë et la porta à sa bouche en priant la divinité de *rendre heureux son dernier voyage.*

Après la mort de Socrate, les Athéniens ouvrirent les yeux, et, pénétrés de honte et d'un tardif remords, ils proclamèrent son innocence, révoquèrent l'arrêt qui l'avait condamné, et punirent sévèrement ses accusateurs. Enfin le célèbre sculpteur *Lysippe* lui éleva une statue de bronze comme un monument de reconnaissance et de regret, moins durable toutefois que le souvenir de ses vertus.

Suite et fin de l'exercice sur le 5e siècle.

404. — GOUVERNEMENT DE LYSANDRE. — Qu'était Lysandre? — Ne gouvernait-il pas en même temps Athènes et Sparte? — Comment les richesses inconnues à Sparte y furent-elles introduites? — Quelle fut leur influence?

402. — THRASYBULE. — Quelle était à cette époque la situation d'Athènes? — Comment fut-elle délivrée des trente tyrans qui la gouvernaient?

401. — RETRAITE DES DIX MILLE. — (Xénophon). — Quelle expédition nouvelle vint occuper les Grecs? — Dans quel pays? — Par quel motif? — Quel fut le résultat de cette expédition? — Quel en fut l'historien?

400. — MORT DE SOCRATE. — Quel était le caractère de Socrate? — De quoi s'occupait-il particulièrement? — Citez quelques-unes de ses maximes? — De quoi fut-il accusé? — Comment mourut il? — Les Athéniens n'eurent-ils aucun remords de leur injustice?

Récapitulation du 5e siècle.

(Voir le tableau comparé.)

Rappelez ici les principaux événemens, les principales époques du 5e siècle *. — Nommez les personnages qui se sont illustrés pendant la durée de ce même siècle. — Indiquez le pays auquel ils appartiennent **.

Remarque-t-on quelques faits importans à Thèbes et dans la Macédoine pendant la durée du cinquième siècle?

---

* Comme la réponse pourrait embarrasser l'élève, nous l'indiquerons ici :

Réponse. La guerre des Perses. — Le gouvernement de Périclès. — La guerre du Péloponèse. — L'expédition en Sicile. — La retraite des dix mille. — La mort de Socrate.

** Voir sur le tableau comparé les noms en lettres *capitales*, et dans le haut de la colonne l'indication des peuples. Répondre alors : MILTIADE à Athènes.—LÉONIDAS à Sparte, etc.

4e SIÈCLE AVANT J.-C.

AGÉSILAS, ROI DE SPARTE.

(Voyez le tableau, première colonne.)

EXPÉDITION EN ASIE.

397. — Après la mort d'Agis, roi de Sparte, AGÉSILAS, son frère, lui succéda. Sobre, patient, humain et populaire, plein d'esprit et de courage, il possédait à la fois le talent de combattre et celui de gagner les cœurs.

397. — EXPÉDITION D'AGÉSILAS DANS L'ASIE-MINEURE. — La retraite glorieuse des dix mille avait ranimé parmi les Grecs l'ardeur des combats ; les colonies asiatiques ayant pris part à la révolte de Cyrus, étaient exposées à la vengeance du roi de Perse. Les Spartiates se disposèrent alors à défendre leurs alliés. Agésilas fut chargé du commandement.

Vainqueur sur tous les points, le héros spartiate remplit l'Asie de la terreur de ses armes ; ses succès furent si grands, si rapides, que la monarchie des Perses se vit menacée d'une révolution prochaine.

395. — BATAILLE D'HALIARTE. — N'esperant pas

triompher par la force des armes, les Perses emploient l'or et l'intrigue pour former contre Sparte une ligue dangereuse. Thèbes, Argos, Athènes et Corinthe réunies se soulèvent en même temps et refusent d'obéir.

Lysandre, qui commandait encore les Spartiates, était sur l'Hellespont; il accourut pour combattre les rebelles. Les armées ennemies se rencontrèrent près d'Haliarte. Lysandre est tué dans un combat inégal, et les Spartiates sont vaincus.

394. — COMBAT NAVAL ENTRE LES SPARTIATES ET LES ATHÉNIENS. — *Conon,* qui s'était réfugié en Perse, ainsi que nous l'avons vu, conservait le désir de servir son pays et de rendre à Athènes la prééminence qu'elle avait perdue; il obtint le commandement de cent vaisseaux persans et athéniens, et attaqua la flotte de Sparte, à la hauteur de Cnide, ville de Carie. Après un combat vif et opiniâtre, les Spartiates furent complètement défaits, et perdirent pour toujours l'empire des mers, qui dès ce moment fut acquis aux Athéniens.

Conon, après avoir ravagé les côtes de la Laconie, rentra victorieux dans sa patrie; il obtint des Perses l'argent nécessaire pour rétablir le Pirée et relever les murs d'Athènes, qui de ce moment se trouva affranchie, ainsi que toute la Grèce, de l'injuste domination de Lacédémone, établie par Lysandre.

394. — BATAILLE DE CORONÉE. — Toujours suivi par la victoire, Agésilas était parvenu jusque dans la haute Asie, lorsqu'il fut rappelé par les éphores

pour défendre son propre pays : il partit sans hésiter. Arrivé en Béotie, il apprend la défaite des Spartiates, dissimule cette nouvelle, et fait au contraire un sacrifice d'actions de grâce, comme si l'ennemi eût été vaincu. Après avoir ranimé le zèle du soldat par une noble émulation, il attaque les Thébains alliés d'Athènes, et gagne sur eux LA BATAILLE DE CORONÉE, malgré ses blessures et la vigoureuse résistance de l'ennemi. A son arrivée à Sparte, il fut reçu avec enthousiasme.

389. — MORT OU DISPARITION DE CONON. — Les services rendus par Conon aux Athéniens avaient excité contre lui la haine de Sparte, qui ne craignait rien tant que de voir son ancienne rivale reprendre ses forces et sa splendeur.

Tandis que l'illustre Athénien était à Sardes pour s'opposer à une négociation honteuse pour les Grecs, on saisit cette circonstance pour l'accuser de trahison. Il fut arrêté et conduit à Suze, où l'on croit qu'il fut exécuté.

Ce fait néanmoins est peu certain ; ce qu'on sait de positif, c'est que Conon disparut à cette époque, et qu'il ne resta de lui dans sa patrie que la trace de ses exploits et le souvenir de ses vertus.

388. — TRAITÉ D'ANTALCIDAS. — Antalcidas, amiral lacédémonien, ennemi d'Agésilas, était chargé de suivre les négociations entamées avec la Perse ; il conclut avec cette puissance un traité honteux pour la Grèce.

La principale condition fut que les villes grecques de l'Asie Mineure resteraient sous la domination du grand roi (Artaxerxès Mnémon), et que les autres seraient libres et se gouverneraient elles-mêmes.

Cet humiliant traité sacrifiait les Grecs de l'Asie Mineure. Les principales villes de la Grèce le rejetèrent d'abord ; mais, trop faibles pour s'y opposer, elles y accédèrent successivement.

Soixante ans auparavant, Cimon avait dicté des conditions au roi *Artaxerxès Longuemain;* la Grèce désunie les reçut alors d'*Artaxerxès Mnémon.*

387. — THRASYBULE ASSASSINÉ. — La république de Rhodes, qui avait été long-temps sous la protection d'Athènes, était déchirée par deux factions sanglantes, dont l'une était pour la démocratie, et l'autre pour l'oligarchie *. Sparte s'étant mêlée de la querelle avait renversé le parti démocratique : Athènes voulut le relever, et Thrasybule fut chargé du commandement des troupes; mais tandis qu'il était en marche, il fut assassiné par des paysans qu'avaient maltraités ses soldats.

C'est ainsi qu'Athènes perdait ses grands hommes et sa puissance. Sparte, pendant ce temps, exerçait tyranniquement son empire sur la Grèce : ce n'était pas le moyen de le conserver.

Nota. Le règne d'Agésilas ne se termina pas à cette époque; ce prince gouverna long-temps encore les Spartiates. L'influence qu'il exerça sur la Grèce cessa

---

* Gouvernement entre les mains d'un petit nombre de personnes.

toutefois au moment où la république de Thèbes, jusque là obscure et ignorée, vint occuper le premier rang.

Pour suivre le plan que nous nous sommes tracé, de rattacher les événemens aux hommes les plus influens de l'époque, nous détournons un moment nos regards d'Athènes et de Sparte, pour les porter sur la république thébaine qu'allaient illustrer deux héros.

SUITE DU 4e SIÈCLE AVANT J.-C.

RÉPUBLIQUE DE THEBES.

ÉPAMINONDAS ET PÉLOPIDAS.

(Voyez le tableau, troisième colonne.)

382. — La république de Thèbes, jusqu'ici obscure et en quelque sorte oubliée, n'avait exercé aucune influence dans la Grèce. L'air épais de la Béotie était regardé comme peu favorable au développement du génie. Il était réservé à Epaminondas et à Pélopidas d'illustrer à jamais un pays jusque là stérile en grands hommes et en grands talens.

Egalement distingués par leur valeur, ils brillèrent néanmoins par des qualités différentes : PÉLOPIDAS, riche, généreux, uniquement occupé des affaires publiques, excellait dans tous les exercices du corps, ses seuls délassemens.

Epaminondas, pauvre, désintéressé, exempt d'ambition, n'aimait que les lettres et la philosophie; mais, excellent citoyen avant tout, il était prêt à sacrifier ses goûts et même son existence au bien de la patrie. Ces deux grands hommes, qui firent à la fois la gloire et le bonheur de Thèbes, étaient liés d'une amitié sincère, qui ne finit qu'avec leur vie.

382. — Prise de la citadelle de Thèbes. — Sparte avait recouvré son empire sur la Grèce, mais elle l'exerçait tyranniquement. *Phébidas*, un de ses généraux, conduisit des troupes en Thrace; passant près de Thèbes, où deux factions entretenaient la discorde, il profite de cette division, et propose à l'un des chefs de le seconder; mais tandis que les Thébains, sans défiance, célèbrent les mystères de Cérès, Phébidas s'empare par surprise de la citadelle : cet acte de violence en pleine paix était un attentat horrible contre la foi publique.

On se plaignit à Sparte, et le jugement porté dans cette affaire fut bien étrange; les Spartiates condamnèrent Phébidas à une amende, et décidèrent que l'on mettrait une garnison dans la citadelle de Thèbes.

378. — Thèbes délivrée par Pélopidas. — Animé du désir de la vengeance, quatre cents Thébains du parti populaire s'étaient réfugiés à Athènes, toujours favorable à la démocratie. Un décret de bannissement les irrita davantage. Pé-

lopidas était au nombre des bannis : quoique très-jeune encore, sa puissance, ses richesses et surtout ses vertus, le mettaient au premier rang des citoyens ; il entreprit de délivrer sa patrie.

Suivi de douze compagnons fidèles, il pénètre secrètement dans la ville, où il s'était ménagé des intelligences. Les magistrats oppresseurs sont massacrés ; on invite le peuple à être libre ; bientôt enfin arrive une armée athénienne, suivie de tous les bannis. La citadelle est assiégée, et les Spartiates sont forcés de la rendre. Epaminondas, qui était resté dans la ville, contribua puissamment au succès.

371. — BATAILLE DE LEUCTRES. — Quelques tentatives de rapprochement entre les républiques rivales n'avaient eu d'autres résultats que d'animer de plus en plus les différens partis. Thèbes était menacée par la Grèce entière : pleins d'espoir, néanmoins, les Thébains marchent avec enthousiasme au-devant de l'ennemi. EPAMINONDAS commande l'armée ; PÉLOPIDAS est à la tête du *bataillon sacré*, troupe formidable, composée de trois cents jeunes guerriers, qui s'engageaient par serment à se défendre jusqu'au dernier soupir.

Avec des forces bien inférieures à celles des alliés, Epaminondas croit devoir attaquer l'ennemi, et suppléant au nombre par le talent et le courage, il remporte à *Leuctres* une victoire complète et décisive. Jamais les Spartiates n'avaient perdu tant de monde. Leur roi Cléombrote fut tué dans l'action.

Ce triomphe éclatant mit fin à l'empire que Lacédémone exerçait dans la Grèce. Thèbes dès ce moment eut la prééminence.

370. — INVASION DES THÉBAINS DANS LE PÉLOPONÈSE. — Comme une partie des alliés se détachaient de la ligne, les Thébains pénétrèrent facilement en Laconie et y portèrent le ravage. Agésilas défendait Sparte; Epaminondas aurait pu s'en emparer; mais ne voulant pas détruire une ville si célèbre, il se contenta d'affranchir les Messéniens qu'elle opprimait, et se retira couvert de gloire.

Pour cette expédition du Péloponèse, Epaminondas avait gardé le commandement quatre mois au delà du terme prescrit; on en fit à son retour un sujet d'accusation. Il se défendit lui-même en disant qu'il acceptait volontiers la mort si on voulait lui laisser toute la gloire de ses dernières actions, et déclarer qu'il les avait faites sans l'aveu de la république. On l'admira au lieu de le condamner.

365. — MORT DE PÉLOPIDAS. — Tous les états de la Grèce n'avaient pas cessé de voir avec inquiétude le succès d'une république dont la gloire leur portait ombrage; ils se réunirent de nouveau contre elle, et cette dangereuse confédération rechercha même l'appui du roi de Perse. Mais Pélopidas, député par les Thébains près d'*Artaxerxès*, parvint à déconcerter les projets de ses ennemis.

Après avoir obtenu des succès dans une expédition en Thessalie contre Alexandre, tyran de Phères, Pélopidas était tombé entre les mains de son ennemi. Délivré ensuite par Epaminondas, et brulant de se venger, il s'exposa de nouveau dans un combat pour tuer le tyran de sa propre main : mais, atteint lui-même d'un coup mortel, il expira de ses blessures, tandis que ses troupes remportaient la victoire.

La perte de ce héros porta la désolation dans l'armée et parmi les citoyens. D'unanimes regrets furent un hommage éclatant rendu aux services et aux vertus du libérateur de la patrie.

363. — BATAILLE DE MANTINÉE. — MORT D'EPAMINONDAS. — La guerre s'étant rallumée entre les Thébains et leurs rivaux, Epaminondas fait encore une tentative contre Sparte ; mais, forcé de se retirer dans la crainte d'être investi par deux armées, il est poursuivi par l'ennemi, qui le rencontre à MANTINÉE. Là, combattant avec le talent d'un grand capitaine et le courage d'un héros, EPAMINONDAS remporte une victoire mémorable, mais qui devait être le terme de ses jours et de la gloire de Thèbes.

Blessé mortellement, les médecins déclarent qu'il doit mourir quand on retirera le javelot dont il est percé. Il s'informe alors du succès de la bataille, et apprend que les Thébains ont triomphé. *Eh bien!* dit l'illustre guerrier, *ma vie est assez longue; je meurs sans avoir jamais été vaincu...* A ces mots il arrache lui-même le fer de sa plaie et expire au même instant.

Ses amis lui avaient témoigné le regret qu'il ne laissât pas d'enfant. *Leuctres et Mantinée m'en tiendront lieu*, répondit-il, *et ne laisseront pas périr mon nom.* Cicéron place Epaminondas au premier rang des grands hommes dont la Grèce s'honore.

La république de Thèbes, qui venait de jouer un si grand rôle par l'apparition de PÉLOPIDAS et d'EPAMINONDAS, retomba dans l'obscurité dès qu'elle fut privée de leur appui. Les Thébains ou Béotiens reprirent et conservèrent la réputation de peuple stupide, et cette puissance s'évanouit comme elle s'était élevée, en un moment.

La bataille de Mantinée avait inspiré aux Grecs le désir de la concorde, qu'ils n'auraient jamais dû rompre s'ils avaient écouté leurs véritables intérêts. Ils se réunirent pour que chaque ville conservât sa liberté. Sparte voulant opprimer les Messéniens, n'entra point dans cette paix générale; elle envoya des secours aux *Egyptiens* révoltés contre le roi de Perse. *Agésilas*, plus qu'octogénaire, fut chargé de diriger cette expédition, qui n'eut aucun succès. Ce prince, jusqu'au dernier instant passionné pour la guerre, mourut en Afrique, où il fut jeté par les vents au moment où il venait de s'embarquer pour revenir à Sparte.

Les beaux jours de la Grèce étaient passés sans retour : l'amour de la patrie, qui avait inspiré de si grandes choses, était éteint dans tous les cœurs. Les jeux, les courses de char, les représentations théâtrales étaient devenus l'unique occupation d'un peuple animé jadis des plus nobles sentimens; de toutes parts enfin s'annonçait une décadence totale. Dans cet état d'affaiblissement, il ne fallait donc pour subjuguer les Grecs qu'un prince aussi habile politique qu'illustre guerrier, et bientôt il devait paraître.

Athènes toutefois possédait encore deux hommes distingués par leurs talens : l'un était *Démosthènes*, et l'autre *Phocion*. Nous les verrons l'un et l'autre combattre le roi de Macédoine, dont la puissance allait effacer celle d'Athènes et de Sparte.

Exercice sur le 4e siècle, de 397 à 359.

NOTA. *L'exercice sur ce siècle sera divisé en deux parties.*

397. — EXPÉDITION D'AGÉSILAS. — D'où Agésilas était-il roi ? — Quel était son caractère ? — A quel peuple fit-il d'abord la guerre ? — Dans quel pays ? — Fut-il victorieux en Asie ? — De retour en Grèce, quelle bataille gagna Agésilas ? — Sur quel peuple ? — Quel traité fut conclu avec les Perses ?

383. — RÉPUBLIQUE DE THÈBES. — (Pélopidas, Epaminondas.) — La république de Thèbes n'était-elle pas restée jusqu'alors obscure et oubliée ! — A qui dut-elle son illustration ? — Quelle fut la cause de la guerre entre les Spartiates et les Thébains ? — Comment Pélopidas délivra-t-il sa patrie ? Quelle bataille célèbre gagnèrent ensemble Epaminondas et Pélopidas ? — Comment mourut Pélopidas ? — Quelle victoire nouvelle remporta Epaminondas ? — Où mourut ce héros ? — Après la mort de Pélopidas et d'Epaminondas, que devint la république de Thèbes ? — Quels hommes distingués possédait alors Athènes ?

SUITE DU 4e SIECLE AVANT J.-C.

ROYAUME DE MACÉDOINE.

PHILIPPE II, ROI DE MACÉDOINE.

(Voyez le tableau, quatrième colonne.)

359. — Le royaume de Macédoine avait été fondé en 796, par *Caranus,* prince argien. Quoique les rois de ce pays prétendissent descendre d'Hercule, les Grecs ne regardaient point les Macédoniens comme de leur nation, et les traitaient de barbares. Depuis plus de quatre cents ans que ce royaume subsistait, il avait presque toujours eu besoin de la protection ou d'Athènes ou de Sparte, sans avoir jamais participé à la gloire de ces deux républiques ; mais *un grand homme fait un grand peuple,* a dit Condillac. Thèbes venait de l'éprouver, et la Macédoine allait en offrir un nouvel exemple : elle dut également l'éclat tardif dont elle brilla dans la Grèce au génie de deux princes célèbres qui la tirèrent de son obscurité et étendirent au loin sa puissance.

Après la mort du roi *Amyntas IV* (en 369), des troubles avaient agité la Macédoine. Les Thébains, sous la conduite de Pélopidas, furent appelés alors pour les apaiser. Ayant rétabli la tranquillité et voulant la maintenir, Pélopidas avait emmené des otages à Thèbes, parmi lesquels se trouvait PHILIPPE, frère du roi Perdiccas.

Perdiccas étant mort, deux concurrens prétendaient lui succéder au préjudice de son fils, encore en bas-âge. Philippe, âgé de vingt-quatre ans, et formé par les leçons d'Épaminondas, était encore à Thèbes. Voulant profiter d'une circonstance favorable à son ambition, il prend la fuite, arrive en Macédoine, et s'empare du gouvernement comme tuteur du jeune prince. Bientôt il est proclamé roi, parce que les Macédoniens avaient besoin d'un homme et non d'un enfant pour rétablir leurs affaires.

Jugeant qu'il ne pouvait affermir sa puissance que par la force des armes, le premier soin de Philippe fut de discipliner son peuple et de le former à la guerre; les soldats sous ses ordres devinrent autant de héros. Il inventa la *phalange*, dont il avait trouvé le modèle dans le bataillon sacré de Thèbes. C'était un corps de six à sept mille hommes, sur seize de profondeur, armés de longues piques tellement proportionnées, que celles de la dernière ligne débordaient de deux pieds celles de la première; leur réunion formait un rempart inaccessible à l'ennemi.

Joignant à la science militaire une politique habile et peu scrupuleuse, Philippe employait sans examen tous les moyens propres à servir son ambition. Il faisait alternativement la paix, la la guerre, selon qu'il y trouvait son intérêt. Se jouant de toutes les promesses, il prétendait que *l'on amuse les enfans avec des hochets et les hommes avec des sermens.* Ses artifices toutefois réussirent si bien près des différens peuples de la Grèce, que loin de le redouter, ils le rendaient sans cesse l'arbitre de leurs querelles.

Des mines d'or qu'il découvrit vers cette époque devinrent un nouveau moyen de servir sa politique ; il acheta partout des partisans et des traîtres. *Aucune forteresse n'est imprenable*, disait-il, *pourvu qu'un mulet chargé d'or puisse y monter.*

348. — Conquêtes de Philippe. — Ce prince voulait étendre son royaume et surtout asservir la Grèce : sa politique habile devait le conduire à ce but.

Il s'empara d'abord d'*Amphipolis*, colonie athénienne, et par la possession de cette ville importante il assura ses frontières du côté de la Thrace.

La Thessalie était opprimée par des tyrans, Philippe la délivra du joug sous lequel elle gémissait, et dès lors la cavalerie thessalienne jointe à la phalange lui donna une grande supériorité.

Il s'empara ensuite de *Méthone*, et perdit un œil d'un coup de flèche au siége de cette ville. Philippe voulait surtout posséder *Olinthe*, colonie athénienne. La trahison lui livra cette place, qu'il détruisit de fond en comble, malgré les secours que lui portèrent les Athéniens, excités par *Démosthène*, le célèbre orateur et l'ennemi le plus redoutable du roi de Macédoine. Nul homme ne porta plus haut que Démosthène le talent de l'éloquence, et il serait parvenu sans doute à opposer une barrière insurmontable à l'ambitieux Macédonien, s'il n'eût vécu dans un siècle et chez un peuple entièrement dégénérés.

347. — GUERRE SACRÉE. — Poursuivant avec persévérance le plan qu'il s'était tracé, Philippe saisit l'occasion de pénétrer dans la Grèce : depuis dix ans environ, elle était ensanglantée par une guerre civile, qu'on appela *sacrée*, parce qu'un motif de religion en fut la cause.

Les Phocéens, voisins du temple de Delphes, ayant labouré quelques terres consacrées à Apollon, les peuples du voisinage avaient pris les armes pour venger le dieu. On se battait avec fureur. Sparte et Athènes, unies aux Phocéens, étaient dans un parti, Thèbes dans l'autre. Philippe, appelé au secours des Thébains, entra dans la Phocide, et ne trouvant point de résistance, il termina sans combat la *guerre sacrée*.

Ayant assemblé ensuite le conseil des Amphictyons, il obtint la présidence de cette auguste assemblée, ainsi que l'intendance des jeux pythiques enlevés aux Corinthiens. Il devint dès lors l'arbitre de la Grèce : c'était le but que se proposait son insatiable ambition.

345, etc. — NOUVELLES EXPÉDITIONS DE PHILIPPE. — De retour en Macédoine, Philippe se disposa à des expéditions nouvelles ; il combattit successivement les Illyriens, les Thraces et les Péoniens, etc. ; il vint ensuite assiéger *Byzance*; mais cette ville fut secourue par les Athéniens, sous la conduite de *Phocion*, aussi grand général que sage philosophe et politique habile.

Ayant contraint le roi de Macédoine d'abandonner le siége de Byzance, Phocion tenta vainement de traiter avec lui. Mais, selon l'habitude de Philippe, on négocia sans parvenir à conclure la paix.

338. — NOUVELLE GUERRE SACRÉE. — BATAILLE DE CHÉRONÉE. — La superstition rallume bientôt une nouvelle guerre sacrée. L'habile Macédonien, marchant toujours à son but, obtient le titre de *généralissime des Grecs* contre les profanateurs du temple. Bientôt il s'empare d'*Elatée*, la plus forte place de la Phocide.

Thèbes, menacée, propose aux Athéniens de s'unir à eux contre Philippe, dont l'ambition devenait redoutable pour la Grèce entière. *Démosthène* était pour la guerre; *Phocion*, dont la bravoure était reconnue, se montrait partisan de la paix. *Il faut*, disait ce dernier, *être les plus forts, ou rester les amis de ceux qui le sont...* Le conseil de Démosthène prévaut néanmoins, et de toutes parts on vole aux armes. Les deux armées s'étant rencontrées en Béotie, Philippe remporta une victoire éclatante à *Chéronée* sur les Athéniens et les Thébains réunis.

Le bataillon sacré de Thèbes fut enfoncé par le jeune Alexandre, et la déroute des alliés fut complète. Démosthène, qui jusque là avait combattu avec courage, partagea, dit-on, la terreur générale. Phocion avait été exclu du commandement par une secrète et basse jalousie; ce fut encore une grande faute des Athéniens.

338. — TRAITÉ AVEC LES ATHÉNIENS ET LES THÉ-

BAINS. — Philippe ajouta à la gloire de son triomphe par la manière généreuse dont il traita les vaincus ; il renvoya les prisonniers d'Athènes sans rançon, renouvela l'ancien traité et accorda la paix aux Thébains, en laissant toutefois garnison dans leur capitale.

Toute la Grèce s'étant soumise, rien ne s'opposait plus à l'entière domination de Philippe, et pour cette fois enfin le traité qu'il conclut avec les Athéniens fut solide et sincère.

336. — MORT DE PHILIPPE. — Dirigé par une politique habile autant que par sa propre ambition, Philippe avait conçu l'idée d'une entreprise nouvelle qui, en ajoutant à sa gloire, occuperait au dehors l'activité des Grecs. Ayant réveillé leur ancienne haine contre les Perses, il se disposait à combattre cette puissance, qu'il espérait renverser, lorsqu'au milieu de ses préparatifs il fut assassiné publiquement par *Pausanias*, jeune seigneur de la cour, qui avait à se plaindre d'une injustice.

Ainsi mourut PHILIPPE, après un règne de vingt-quatre ans, et dans la quarante-septième année de son âge. Également habile dans la paix et dans la guerre, ce prince mériterait d'être placé au rang des plus grands rois, s'il n'eût terni l'éclat de ses brillantes qualités par des vices que lui reproche l'histoire. Intempérant, dissimulé, souvent perfide, nul ne porta plus loin que lui les ruses d'une politique artificieuse ; il ne négligea rien, du reste, pour assurer le bonheur de ses peuples et la prospérité de ses états.

Élève d'Épaminondas, il avait puisé à son école

le goût des lettres et des arts, et il l'introduisit dans son royaume, qui, jusque là inconnu et plongé dans une profonde ignorance, sembla tout-à-coup sortir d'une nuit profonde pour répandre au loin un éclat aussi vif qu'inattendu.

Le règne de Philippe forme une époque très-remarquable dans l'histoire ; il changea la face de la Grèce, prépara les triomphes d'Alexandre, et devint ainsi la première cause de cette grande révolution qui devait renverser le trône de Cyrus, détruire la liberté dans l'Europe, et livrer le monde aux Macédoniens.

SUITE DU 4e SIÈCLE AVANT J.-C.

ALEXANDRE LE GRAND, ROI DE MACÉDOINE.

(Voyez le tableau, quatrième colonne.)

NOTA. *Ce règne important est divisé en deux époques.*

PREMIÈRE ÉPOQUE *.

336. — ALEXANDRE, âgé de vingt ans, remplaça Philippe, son père, sur le trône de Macédoine; il

---

* L'élève devra indiquer sur la carte la marche suivie par Alexandre dans ses différentes campagnes.

hérita de même de son ambition sans bornes; mais pour la satisfaire il compta moins sur les ressorts de la politique que sur la force des armes.

Son éducation avait été confiée à *Aristote*, le plus grand philosophe de son siècle. *J'ai un fils*, écrivait Philippe à cet homme célèbre, au moment de la naissance d'Alexandre, *et je remercie moins les dieux de me l'avoir donné que de l'avoir fait naître du temps d'Aristote*. Le jeune prince, en effet, trouva dans les leçons de son maître tout ce qui pouvait élever son âme et son génie; l'Iliade d'Homère faisait ses délices, parce qu'on y retrouvait les combats des anciens héros. Passionné pour la gloire, on le vit soupirer au récit des exploits de Philippe. *Mon père prendra tout*, disait-il à un de ses amis, *et ne nous laissera rien à faire*.

336, etc. — VICTOIRES SUR LES THRACES, LES PÉONIENS, etc. — Quand tout faisait présager un maître à la Grèce et au monde un grand homme, les peuples soumis par Philippe ne voyaient dans son fils qu'un enfant et croyaient s'affranchir aisément de sa domination; ils se hâtèrent donc de prendre les armes.

Loin d'éviter l'ennemi, Alexandre vole à sa rencontre; en peu de temps il est vainqueur des *Thraces*, des *Péoniens*, des *Illyriens* et autres barbares.

336. — PRISE DE LA VILLE DE THÈBES. — Poursuivant sa marche victorieuse, Alexandre vint assiéger Thèbes, qui avait massacré une partie de la garnison macédonienne. Porté toutefois à la

clémence, il offre le pardon aux assiégés, pourvu qu'on lui livre les coupables. Les Thébains refusent, combattent et sont vaincus; leur ville est prise et saccagée. Alexandre fit épargner la maison du poète *Pindare* et celles des familles thébaines qui jadis avaient donné l'hospitalité à son père. Au milieu de ce désastre, les Thébains montrèrent un courage digne des héros de Leuctres et de Mantinée; aucun ne fléchit devant le vainqueur.

A la nouvelle des malheurs de Thèbes, les Athéniens consternés demandèrent la paix. Alexandre ne voulait pas détruire Athènes, si célèbre par ses grands hommes et par les monumens du génie; il lui pardonna sans exiger autre chose que le bannissement d'un factieux nommé *Charidème*.

334. — CONQUÊTES DE L'ASIE MINEURE. — Maître de la Grèce dans une seule campagne, Alexandre songe aussitôt à réaliser le grand dessein qu'avait formé son père de subjuguer les Perses. Nommé généralissime de l'expédition, ses préparatifs se font en toute hâte, et c'est avec une armée de trente-cinq mille hommes seulement qu'il marche à la conquête d'un vaste empire, défendu par d'innombrables soldats, mais affaibli, il est vrai, par les vices du gouvernement, la dépravation des princes et l'esclavage des peuples.

Une dernière révolution avait placé sur le trône de Perse *Darius Codoman;* ce prince régnait lorsque Alexandre passa en Asie.

Après avoir traversé l'Hellespont et honoré en Phrygie le tombeau d'Achille, Alexandre se trouve en présence de l'ennemi ; il passe le Granique sous les yeux des Perses, les combat et les met en fuite. Le succès d'une entreprise dépend souvent du premier pas ; cette première victoire, en effet, frappe de terreur l'armée persane.

Darius tente vainement de faire diversion aux entreprises d'Alexandre en portant la guerre en Macédoine ; il échoue dans cette expédition, tandis qu'Alexandre, toujours victorieux, se rend maître de l'Asie Mineure tout entière.

333. — PRISE DE LA VILLE DE TARSE. — Ayant franchi avec rapidité les défilés étroits de la Cilicie, les Macédoniens s'emparent de Tarse, ville opulente qui renfermait d'immenses richesses.

C'est là qu'Alexandre, couvert de sueur, se baigna imprudemment dans le Cydnus ; il en sortit avec une maladie aiguë qui fit trembler pour ses jours. Dans ce pressant danger, un faux avis lui rendit suspect Philippe, son médecin, qui, disait-on, voulait l'empoisonner : plein d'une noble confiance, Alexandre montre à Philippe la lettre qu'il a reçue, et accepte au même instant le breuvage qu'il lui présente. Un prompt rétablissement prouva l'innocence de l'accusé. Avec moins de fermeté, Alexandre était perdu ; sa force d'esprit le sauva.

332. — BATAILLE D'ISSUS. — Inquiet des projets du roi de Macédoine, Darius s'avance imprudemment pour le combattre ; avec une armée de six cent mille hommes, il s'engage dans un défilé étroit ; Alexandre n'avait que quarante mille combattans à lui opposer ; mais de son côté

étaient le génie et l'expérience, et il gagna sur les Perses la célèbre bataille d'Issus.

Craignant de tomber entre les mains d'Alexandre, *Darius* prit la fuite, abandonnant au vainqueur son camp et ses richesses. La mère, la femme et les enfans de Darius furent au nombre des prisonniers; l'illustre conquérant adoucit leur infortune par un traitement généreux.

332. — SIÉGE ET PRISE DE LA VILLE DE TYR. — Poursuivant le cours de ses conquêtes, Alexandre s'empare successivement des villes de *Damas*, de *Sidon* et de *Tyr*. Cette dernière place fut prise d'assaut, et son sort différa peu de celui de Thèbes. Le conquérant, souillé de carnage, fit son sacrifice à Hercule sur les ruines fumantes de Tyr.

332. — CONQUÊTE DE L'EGYPTE. — Peu de temps après, Alexandre se rendit maître de *Gaza*, qui lui ouvrit les portes de l'Egypte; il ternit de même la gloire de ce triomphe par ses cruautés envers les vaincus.

Bétis, gouverneur de Gaza, fut attaché par les talons à un char, et traîné ainsi autour de la ville.

Les Égyptiens supportaient impatiemment le joug asiatique, ils se soumirent sans peine au vainqueur. Alexandre leur permit de suivre leurs lois et leurs coutumes : c'était le moyen le plus sûr pour faire aimer sa domination.

331. — VISITE D'ALEXANDRE AU TEMPLE DE JUPITER AMMON. — Ambitieux de toute espèce de gloire, une folle vanité conduisit Alexandre au temple de *Jupiter Ammon*. Pour y arriver, il fallait traverser les déserts sablonneux de la Libye ;

il y parvint après avoir échappé à mille dangers. Il voulait se faire déclarer *fils de Jupiter*, et le grand sacrificateur lui en donna le titre : ce n'était plus le temps cependant où l'on adoptait ces sortes de fables ; mais les flatteurs sont de tous les siècles, et la flatterie a toujours aux yeux des princes l'air de la vérité.

Olympias, la mère d'Alexandre, lui écrivit en plaisantant de ne point *la brouiller avec Junon* *. C'était lui faire sentir le ridicule de sa prétendue divinité ; mais il lui suffisait sans doute qu'elle fit illusion au vulgaire

331. — Bataille d'Arbelles. — Après avoir fondé la ville d'Alexandrie, qui devint une des plus florissantes du monde, le héros macédonien quitta l'Égypte. La conquête de ce pays avait donné le temps au roi de Perse de rassembler une armée de sept à huit cent mille hommes, dit-on.

Plein de confiance dans la valeur de ses troupes, Alexandre, loin d'éviter le combat, marche au-devant de l'ennemi. S'étant rendu en Syrie, il passe l'Euphrate et le Tigre sans obstacle, et gagne la bataille d'Arbelles, qui met le comble à sa gloire et le rend maître de la couronne de Darius.

Ce prince, mis en fuite, fut assassiné quelque temps après par Bessus, un de ses satrapes : terrible sort d'un monarque si puissant et plus esti-

* Junon, dans la fable, était regardée comme la femme de Jupiter.

mable qu'aucun de ses prédécesseurs. En lui finit l'empire des Perses, fondé par Cyrus, après avoir duré deux cent six ans, sous treize rois. (*Voyez le tableau des rois de Perse, page* 56.)

Les principales villes de Perse, *Babylone, Suze, Persépolis, Ecbatane*, etc., furent bientôt soumises au vainqueur, qui y trouva d'immenses richesses.

Pour reconnaître les services des Grecs, ses alliés, Alexandre assura de nouveau l'indépendance de toutes les villes de la confédération.

Nous venons de parcourir l'époque la plus glorieuse du règne d'Alexandre. Grand par ses conquêtes, il était l'admiration des peuples, de ceux mêmes qu'il avait soumis, parce qu'il conservait encore quelques traces de cette modération, toujours compagne de la véritable gloire.

Nous le verrons désormais, enivré par la fortune, puiser dans de nouveaux succès le germe de la corruption, et ternir aux yeux de la postérité les grandes actions qui avaient illustré les premières années de son règne.

SUITE DU RÈGNE D'ALEXANDRE LE GRAND,

ROI DE MACÉDOINE.

DEUXIÈME ÉPOQUE.

330. — ALEXANDRE, MAÎTRE DE L'EMPIRE DES PERSES. — Le héros, couvert de lauriers, entre à Babylone et s'assied sur le trône de Darius; là, environné d'hommages et comblé de richesses, les Macédoniens le voient avec indignation quitter les mœurs et le costume de leur pays pour se revêtir de la pompe asiatique, et s'oublier enfin jusqu'à prétendre à l'adoration de ses sujets.

Jusque-là sobre, prudent et généreux, il avait fait admirer sa sagesse autant que son courage; mais lorsque enivré par la fortune, il eut adopté les vices des courtisans, le luxe et l'orgueil des satrapes, on ne vit plus en lui qu'un despote cruel, un homme faible et superstitieux, un insensé enfin dont la ruine du monde n'aurait pu satisfaire la folle ambition.

330. — PARMÉNION ASSASSINÉ. — Un mécontentement général régnait parmi les troupes macédoniennes, et bientôt une conspiration se forma dans le camp : *Philotas*, fils de Parménion, faussement accusé, fut exécuté comme un traître. Redoutant la vengeance d'un père irrité, Alexandre fit assassiner *Parménion*, sans égard à sa vieillesse, à sa fidélité, et oubliant qu'il lui était redevable d'une partie de ses succès.

329. — Nouvelles victoires d'Alexandre. — Deux provinces du nord, la *Sogdiane* et la *Bactriane*, s'étaient révoltées ; Alexandre prend les armes, et la Sogdiane est bientôt soumise. Les peuples aguerris de la Bactriane lui opposent plus de résistance ; il triomphe néanmoins, mais se rend odieux en faisant égorger toute une famille grecque de Milet, dont le chef, plus d'un siècle auparavant, avait servi sous Xerxès.

Les *Scythes*, inquiets de son approche, lui envoyèrent des ambassadeurs : ceux-ci adressèrent au redoutable conquérant une harangue devenue célèbre par sa franchise noble et hardie.

« Toi qui te vantes, lui dirent-ils, d'exterminer » les brigands, tu es le plus grand de tous : tu » combats les peuples qui ne t'attaquent point, » tu pilles les nations vaincues ; n'est-il pas per- » mis à ceux qui vivent dans nos forêts d'ignorer » qui tu es, d'où tu viens ?... Si tu es un Dieu, » fais du bien aux mortels ; si tu n'es qu'un » homme, respecte les droits des hommes. »

Alexandre répondit *qu'il userait de la fortune*, et bientôt en effet il triompha des Scythes, regardés jusque là comme invincibles.

329. — Meurtre de Clitus. — Tandis que tout cède au pouvoir d'Alexandre, il devient chaque jour moins maître de lui-même : le meurtre de Clitus est un funeste exemple des excès auxquels peuvent entraîner à la fois l'orgueil et l'intempérance.

Clitus était chéri du monarque, dont il avait sauvé les jours dans un combat ; il conservait la fierté des anciennes mœurs. Un festin où il la poussa trop loin fut l'occasion de sa mort.

Alexandre, dont la raison était troublée par le vin, vantait sans mesure ses propres exploits et cherchait à rabaisser ceux de Philippe. Clitus, indigné, lui rappelle *qu'il n'a vaincu qu'avec les soldats de son père.* A peine a-t-il prononcé ces mots, qu'Alexandre, furieux, saisit une javeline, se précipite sur lui et le tue.

Le remords et le désespoir suivirent cette action barbare. Les courtisans toutefois s'empressèrent de la justifier : on porta la bassesse jusqu'à déclarer par un décret que le meurtre de Clitus était *un acte de justice.* C'était encourager le despotisme, et bientôt celui d'Alexandre, ne connaissant plus de frein, frappa de nouvelles victimes.

327. — EXPÉDITION DANS L'INDE. — CONQUÊTE DE DEUX ROYAUMES. — Les bornes de la monarchie persane semblaient trop étroites au vainqueur. Toujours avide de conquêtes, il va entreprendre de subjuguer l'Inde : à peine y a-t-il pénétré, que les petits princes de ces contrées, tremblant à son approche, se rangent sous ses lois ; un des plus puissans, *Taxile,* vient lui soumettre ses états et son armée ; *Porus,* plus courageux, veut défendre son indépendance, et se dispose à repousser le conquérant.

Alexandre passe l'Indus, arrive sur les bords de l'Hydaspe, au delà duquel l'attendait Porus avec une nombreuse armée. Une horrible tempête avait rendu dangereux le passage du fleuve ; mais rien ne peut arrêter le héros ; il traverse l'Hydaspe, et au moment d'être englouti par les flots, il s'écrie : *O Athéniens! pourriez-vous croire que je m'exposasse à tant de périls pour mériter vos louanges?*

Mais bientôt vainqueur des élémens, il attaque les Indiens, et malgré le courage de leur roi, malgré la terreur que doivent inspirer leurs éléphans chargés de guerriers, Alexandre, après un affreux carnage, remporte une victoire complète et se trouve maître du royaume et de la personne de *Porus*. Ce prince, qui avait combattu avec valeur, fut pris et blessé dans l'action. Amené en présence d'Alexandre : « *Comment veux-tu que je te traite?* lui dit le vainqueur. — *En roi*, répliqua le fier Indien. — *J'y consens, pour l'amour de moi-même,* » répondit Alexandre. En effet, il se l'attacha dès ce moment par un traitement généreux.

Cependant, insatiable de gloire, Alexandre voulait ajouter encore à ses conquêtes; mais, après des fatigues et des exploits incroyables, il fut obligé de revenir sur ses pas, ses soldats ayant refusé de le suivre dans des régions inconnues. Il ne put dès lors pénétrer jusqu'au Gange, ainsi qu'il l'avait projeté; mais voulant au moins voir l'Océan, il descendit jusqu'à l'embouchure de l'*Indus*, pour contempler ce magnifique spectacle, qu'il ne croyait pas avoir acheté trop cher. Le flux et le reflux toutefois effraya ses pilotes, pour qui ce phénomène était entièrement nouveau.

325. — Retour d'Alexandre a Babylone. — Tandis qu'Alexandre parcourait l'Inde, les discordes se multipliaient dans la Perse. Au retour

de ses brillantes expéditions, il eut à punir des gouverneurs corrompus et à réprimer des séditions que son absence avait fait naître. Il épousa ensuite deux princesses du sang royal, et engagea les Macédoniens à de semblables alliances, qui avaient pour but d'unir les deux peuples.

325. — PRISE D'ECBATANE. — Ennemi du repos, impatient de combattre encore, Alexandre passa en Médie, où il s'empara d'*Ecbatane*, ville célèbre et très-considérable. Là il se livra à tous les excès de l'intempérance, et les courtisans suivirent son exemple; *Ephestion*, son favori, mourut à la suite d'un festin. Le monarque déplora sa perte, et non content d'élever un monument à sa mémoire, il voulut le faire adorer comme un dieu.

A peine Alexandre fut-il rentré à Babylone, à la suite de ses dernières excursions, que des ambassadeurs de presque tous les peuples d'Europe et d'Asie accoururent dans son palais pour le combler de félicitations et d'hommages.

UN EMPIRE IMMENSE était le fruit de ses innombrables conquêtes; souverain à la fois de la *Grèce* et de la *Macédoine*, il règne en même temps en *Perse*, dans l'*Inde* et en *Egypte* *.

Parvenu au plus haut degré de la gloire, le héros méditait encore de nouveaux plans et voulait ajouter à la prospérité de ses états par l'améliora-

* On devra indiquer sur la carte les différens états qui composaient alors *l'empire d'Alexandre*.

On reverra aussi le tableau des rois de Perse, page 56, annee 331.

tion de la marine et du commerce ; mais ses derniers projets ne devaient pas se réaliser, il touchait au terme fatal.

2 juin 323. — MORT D'ALEXANDRE. — De sinistres augures avaient troublé le repos du conquérant du monde, sans toutefois le rendre plus sage; trop porté lui-même aux excès qui avaient causé la mort d'Ephestion, il fut, ainsi que lui, victime de son intempérance : saisi d'un mal violent, à la suite d'un somptueux festin, ses jours furent bientôt en danger.

Parvenu à ses derniers momens, Alexandre refusa de désigner son successeur, disant qu'il laissait l'empire *au plus digne*. Il remit toutefois l'anneau royal à Perdiccas, un de ses lieutenans; il expira ensuite après une maladie de trente jours, pendant lesquels il avait montré plus d'une fois une faiblesse superstitieuse.

Ainsi mourut, à l'âge de trente-deux ans et huit mois, et après treize années de règne, le puissant monarque qui avait rempli l'univers de l'éclat de son nom et du bruit de ses armes. Son trépas fut pleuré par tous les peuples vaincus dont il avait amélioré le sort en leur donnant de sages lois.

Protecteur des lettres, du commerce et de l'industrie, Alexandre fit faire à la civilisation d'immenses progrès, et déploya toutes les ressources du génie en soutenant seul le poids d'un si vaste empire. Il ne lui manqua, en un mot, que de savoir résister à ses penchans comme à ses ennemis. Les siècles qui se sont écoulés et ceux qui s'écouleront encore ne pourront toutefois effacer sa mémoire, et la postérité, en lui adressant des reproches, justes sans doute, lui payera toujours un tribut d'éloges également mérités.

La mort de l'illustre conquérant devint le signal de la discorde, et son empire immense un théâtre sanglant de guerres et de révolutions. La multitude de conquérans qui briguèrent en même temps la couronne jette dans l'histoire de cette dernière époque une confusion qu'on chercherait vainement à éclaircir. Terminant donc ici les fastes glorieux des beaux jours de la Grèce, nous nous bornerons à jeter un coup d'œil rapide sur les temps de troubles et de dissensions qui vont s'écouler depuis la mort d'Alexandre jusqu'à l'invasion des Romains.

SUCCESSEUR D'ALEXANDRE.

PREMIER PARTAGE DE SON EMPIRE.

(Voyez le tableau, quatrième colonne.)

323, etc. — Alexandre, en mourant, avait dit qu'on lui ferait de *sanglantes funérailles;* il prévoyait sans doute que la guerre civile et le démembrement de ses états seraient le fruit de ses conquêtes.

Tous les anciens généraux, compagnons de sa gloire, prétendaient le remplacer sur le trône. En attendant que le sort des armes en décidât, ils convinrent de regarder comme roi *Arrhidée,* frère naturel d'Alexandre, et qui depuis l'enfance était dans l'imbécillité. *Perdiccas*, dépositaire de l'anneau royal, eut le titre de régent sous ce fantôme de roi, et n'obtint lui-même qu'une puissance fort limitée.

L'empire fut divisé alors en trente-trois provinces, dont le gouvernement fut confié à chacun des généraux. Peu de temps après, une ligue s'étant formée contre Perdiccas, objet de la jalousie des autres capitaines, il fut assassiné en Égypte, et la régence passa dans les mains d'*Antipater*.

La discorde régnait toujours parmi les généraux d'Alexandre, aussi ingrats que barbares; ces rivaux d'ambition, non contens de se déchirer entre eux, firent périr successivement la famille entière du héros auquel ils devaient tout.

322. — Entreprises des Athéniens. — La mort d'Alexandre, les dissensions qui en étaient la suite, avaient ranimé chez les Athéniens les espérances des amis de la liberté. Ils invitèrent tous les peuples de la Grèce à se liguer avec eux contre les Macédoniens; mais ce dernier effort fut sans succès : les alliés ayant été battus par *Antipater*, général macédonien, ils firent la paix sans Athènes, qui bientôt après subit la loi du vainqueur.

Antipater abolit la démocratie et fit payer aux Athéniens les frais de la guerre. Le célèbre orateur *Démosthène* devait lui être livré; mais, instruit du sort qui lui était réservé, il prit la fuite, et voulant mourir libre, il s'empoisonna.

Athènes n'ayant plus aucun moyen de défense, se soumit au pouvoir d'Antipater. *Phocion*, qui fut chargé du gouvernement de la ville, adoucit pour ses compatriotes le joug qui leur était imposé.

319. — MORT DE PHOCION.— Les fréquentes révolutions qui se succédaient dans l'empire d'Alexandre avaient remis le pouvoir aux mains de *Polysperchon*, qui, voulant s'attacher les Grecs, rétablit le gouvernement de leurs villes et la démocratie d'Athènes en particulier. Ce peuple léger et inconstant, pour être plus heureux n'en fut pas moins injuste ; il reprochait à Phocion d'être partisan de l'aristocratie. Faussement accusé de trahison, on lui ôte le commandement de l'armée, et sans vouloir entendre sa défense, on le condamne à boire la ciguë. Ainsi périt, à l'âge de quatre-vingts ans, ce héros philosophe, qui n'avait pas cessé de servir sa patrie, et dans les conseils et dans l'armée.

Les Athéniens, revenus trop tard de leur coupable erreur, érigèrent une statue à cet homme si justement célèbre ; mais ces monumens expiatoires leur reprochaient leur faute et ne les corrigeaient pas.

Dans un intervalle de dix-huit années, la Grèce fut encore en butte à de fréquentes révolutions, qui tour à tour renversèrent et rétablirent le gouvernement démocratique. Les Athéniens toutefois retrouvèrent encore d'heureux jours sous *Démétrius de Phalère*, homme savant et sage, qui gouverna les Grecs pendant dix ans avec autant de modération que de sagesse. Il fut chassé en

307 par *Démétrius Polyorcète*, qui se rendit maître d'Athènes.

Nous ne nous arrêterons pas davantage au récit des faits peu importans qui dans cette période occupèrent la Grèce dégénérée ; nous terminerons en portant nos regards sur le grand théâtre où allaient se décider les intérêts réunis de l'Europe et de l'Asie.

BATAILLE D'IPSUS.

PARTAGE DÉFINITIF DE L'EMPIRE D'ALEXANDRE.

(Voyez le tableau comparé.)

301. — Ambitieux et jaloux les uns des autres, les capitaines d'Alexandre, gouverneurs de grandes provinces, n'avaient pas cessé de disputer les armes à la main les débris de ce vaste empire. Enfin, après une longue alternative de revers et de succès, les armées des différens partis s'étant rencontrées à *Ipsus*, en Phrygie, se livrèrent un combat décisif, où *Ptolémée*, *Cassandre*, *Lysimaque* et *Séleucus* remportèrent la victoire.

301. — Après la bataille d'Ipsus, les vainqueurs firent un partage définitif de l'empire. *Ptolémée* eut l'Egypte, l'Arabie, la Palestine, etc. ; *Cassandre*, la Grèce et la Macédoine ; *Lysimaque*, la Thrace, la Bithynie et quelques autres contrées ; *Séleucus*, le reste de l'Asie jusqu'au fleuve Indus. Ce dernier royaume, le plus puissant des quatre, prit le nom de *royaume de Syrie*.

LE PARTAGE DE L'EMPIRE D'ALEXANDRE fut fait vingt-trois ans après la mort de ce conquérant. Ainsi se divisa cette puissance formidable que le génie d'un grand homme avait élevée en un moment, et qui, passagère comme sa gloire, s'évanouit avec elle.

Suite de l'exercice sur le 4e siècle, de 359 à 323.

—

ROYAUME DE MACÉDOINE. — (*Philippe, Alexandre.*)

359. — PHILIPPE. — Quel prince tira la Macédoine de son obscurité? — En quelle année régna Philippe? — Comment forma-t-il ses troupes? — Quelle était sa politique? — Comment désigne-t-on la guerre qu'il fit aux Romains? — Sur qui gagna-t-il la bataille de Chéronée? — Quels hommes célèbres lui furent constamment opposés à Athènes? — Quelle expédition projetait Philippe? — Comment mourut-il?

336. — ALEXANDRE LE GRAND. — Quel fut le successeur de Philippe? — De qui Alexandre était-il l'élève? — Dans quel pays triompha-t-il d'abord? — Fut-il victorieux encore dans l'Asie Mineure? — Sur qui gagna-t-il la bataille d'Issus? — Que devint Darius? — De quelle ville célèbre s'empara Alexandre? — Ne passa-t-il pas d'Asie en Afrique? — Que fit-il en Egypte? — De retour en Asie, quelle bataille célèbre gagna-t-il encore? — De quel royaume se trouva t-il alors possesseur? — Cette première partie du règne d'Alexandre n'est-elle pas la plus glorieuse?

2e EPOQUE DU RÈGNE D'ALEXANDRE. — Maître de l'empire des Perses, quelle fut la conduite d'Alexandre? — Ne devint-il pas injuste et cruel? — Qu'arriva-t-il à Parménion et ensuite à Clitus?

Quel fut le résultat de l'expédition dans l'Inde ? — Quels rois furent soumis ? — Que fit Alexandre à son retour à Babylone ? — Après tant de conquêtes, de quels pays se composait l'empire immense d'Alexandre ? (*Indiquez-les sur la carte.*) La Grèce faisait-elle partie de cet empire ? — Elle cessa donc alors d'être un état indépendant ? — Quels hommes remarquables possédait-elle encore ?

En quelle année mourut Alexandre ? — A quel âge ? — Combien d'années avait-il régné ?

Que devint alors le vaste empire conquis par ses armes ? — En quelle année fut-il partagé définitivement, et après quelle bataille ? — En combien de parties fut-il divisé ? — Nommez les quatre royaumes qui formèrent les débris de l'empire d'Alexandre — Par qui ces royaumes furent-ils d'abord gouvernés ?

RÉCAPITULATION DU 4e SIÈCLE.

Quels sont les principaux faits, les principales époques du quatrième siècle * ? — Quels sont les hommes marquans de cette époque ? — Nommez-les en désignant le pays auquel ils appartiennent **.

---

* *Réponse.* L'expédition d'Agésilas en Asie. — Le succès de Pélopidas et d'Épaminondas à Thèbes — Le règne de Philippe. — Le règne d'Alexandre. — Le partage de son empire.

** *Réponse.* Agélilas à Sparte. — Pélopidas et Epaminondas à Thèbes. — Démosthènes et Phocion à Athènes. — Philippe et Alexandre en Macédoine.

3e SIÈCLE.

DES QUATRE ROYAUMES FORMÉS DE L'EMPIRE D'ALEXANDRE.

ÉGYPTE.

Ptolémée Soter, le plus estimable des successeurs d'Alexandre, rendit l'Egypte heureuse et florissante. Protecteur des lettres et des arts, il établit le *museum d'Alexandrie*, espèce d'académie savante destinée à répandre les lumières dans son royaume : il fut également le fondateur d'une bibliothèque célèbre, trésor immense de littérature, et qui s'accrut prodigieusement, dit-on, sous ses successeurs. C'est ainsi que l'Egypte, éclairée à son tour par ces mêmes Grecs qu'elle avait tirés de la Barbarie, acquit alors, avec le goût du vrai beau, des connaissances supérieures à celles dont elle s'enorgueillissait depuis tant de siècles.

285. — Les arts, le commerce et la civilisation firent encore de nouveaux progrès en Egypte, sous le règne de *Ptolémée Philadelphe*, fils et successeur de Ptolémée Soter.

246. — *Ptolémée Evergète*, qui régna ensuite, marcha sur les traces des deux derniers souverains; mais les princes qui après lui occupèrent

12

successivement le trône furent des monstres aussi méprisables que cruels ; ils conservèrent la couronne néanmoins jusqu'à l'an 30 avant J.-C., époque à laquelle l'Egypte passa sous la domination romaine. Ce royaume avait duré deux cent soixante-dix ans, depuis la mort d'Alexandre.

ROYAUME DE SYRIE ET DE THRACE.

Le respect que SÉLEUCUS inspira à ses peuples contribua à affermir sa puissance. Profitant des troubles intérieurs qui agitaient la THRACE, gouvernée par *Lysimaque*, il s'empara de ce royaume et le réunit au sien.

La ville d'*Antioche*, qu'avait fondée Séleucus, devint la capitale de ses vastes états, qui furent désignés dès lors sous le nom d'EMPIRE DES SÉLEUCIDES, L'AN 301 AV. J.-C. *.

Séleucus fit fleurir son royaume, qu'il embellit d'un grand nombre de villes; mais ses successeurs ne l'imitèrent point. Faibles, lâches ou cruels, ils se rendirent odieux.

L'an 66 avant J.-C., Pompée fit la conquête de la Syrie, qui devint dès lors *province romaine*.

L'empire des Séleucides avait duré deux cent trente-quatre ans, depuis le partage de l'empire d'Alexandre.

---

* L'époque de la formation de cet empire devint une ère commune à presque toutes les nations de l'Asie. C'est ce qu'on appelle *l'ère des Séleucides*

GRÈCE ET MACÉDOINE.

Après la bataille d'Ipsus, CASSANDRE posséda paisiblement le royaume qui lui était échu en partage, et qui se composait de *la Grèce* et de *la Macédoine*. Ce prince étant mort, ses deux fils se disputèrent le trône ; un d'eux appela à son secours *Démétrius Polyorcète*, qui gouvernait les Athéniens.

297. — DÉMÉTRIUS fit mourir celui qu'il devait protéger, et s'empara lui-même de la couronne. Détrôné à son tour, il fut remplacé par *Antigone Gonatas*, son fils.

La Grèce, à cette époque, retomba dans un état d'affaiblissement et de langueur qui semblait devoir faciliter les entreprises de ses ennemis.

278. — L'INVASION DES GAULOIS vint mettre le comble aux calamités publiques.

Rappelant alors leur antique valeur, les Grecs réunissent leurs efforts contre un ennemi bien supérieur en nombre ; et, secondés d'un violent orage qui effraye les Gaulois, ils remportent sur eux une victoire complète. Leur armée fut taillée en pièces, et Brennus, leur chef, se donna la mort.

244. — LIGUE DES ACHÉENS. — En butte à des révolutions fréquentes, la Grèce semblait avoir perdu toute énergie ; mais l'amour de la liberté n'était pas éteint pour toujours, et on le vit se réveiller chez les *Achéens*, peuple ignoré jusque alors.

Douze villes obscures de l'Achaïe, dans le Péloponèse, avaient formé très-anciennement une ligue pour leur sûreté commune ; c'est ce qu'on appelait *la ligue achéenne*. Deux préteurs annuels y présidaient et commandaient les troupes. Cette ligue s'était maintenue jusqu'au moment où les rois de Macédoine, successeurs d'Alexandre, changèrent la constitution de presque toute la Grèce. Alors chaque ville eut un tyran et une garnison macédonienne.

Soumis à regret à une domination étrangère, les Grecs résolurent de secouer le joug et de renouveler l'ancienne alliance. *Aratus*, jeune homme de vingt ans, plein d'audace et de courage, venait déjà de délivrer Sicyone, sa patrie, de la tyrannie de Nicoclès. Bientôt à la tête des Grecs, il va tenter d'affranchir le Péloponèse ; il s'empare de la citadelle de *Corinthe*, dont le roi *Antigone Gonatas* était maître ; et les Corinthiens fortifient la ligue en s'y joignant.

Aratus tenta vainement d'attirer dans cette confédération Argos et Sparte ; une révolution nouvelle qui agitait le Péloponèse s'opposa à ce projet.

Depuis long-temps il ne restait plus à Sparte aucun vestige des lois de Lycurgue : deux princes, *Agis* et *Cléomène*, avaient entrepris successivement d'opérer une réforme devenue impossible ; ils avaient aigri la nation sans corriger les mœurs.

Le dernier (*Cléomène*) voulait surtout rendre à Sparte la supériorité dont elle avait joui pendant plusieurs siècles ; il prétendit enlever à Aratus le commandement de la ligue, et les Spartiates prirent les armes pour soutenir cette dernière prétention.

Dans cette extrémité, Aratus, pour maintenir la ligue achéenne, se vit contraint de solliciter l'appui du roi de Macédoine, *Antigone Doson* *, dont naguère il était l'ennemi. Antigone se joignit à lui, et ils triomphèrent ensemble de *Cléomène,* à la bataille de *Sélasie,* l'an 223.

Antigone, maître de Sparte, n'exerça dans cette ville aucun acte de rigueur. Mais cette république, autrefois le rempart de la liberté des Grecs, fut soumise dès ce moment à des tyrans particuliers, et disparut en quelque sorte de l'histoire des peuples célèbres.

215. — La ligue des Achéens se soutint encore par la prudence d'Aratus. Après avoir eu toute la confiance d'*Antigone Doson,* il obtint de même celle de *Philippe,* son successeur ; mais la flatterie corrompit bientôt ce dernier prince. Aratus, que l'éclat du trône ne pouvait intimider, lui reprochait hautement ses injustices. Philippe, importuné par ce rigide censeur, le fit empoisonner : *Voilà le fruit de l'amitié des rois,* dit l'illustre Grec en éprouvant l'effet du poison.

Aratus avait commandé dix-sept fois les Grecs : peu d'hommes célèbres l'égalèrent en vertu et en prudence ; sa mort causa un deuil général, et il emporta au tombeau le titre glorieux de *libéra-*

---

* Ce surnom lui fut donné du mot grec *dosein* (devant donner), parce qu'il promettait toujours et ne donnait jamais.

teur des Achéens et de *fondateur de leur république.*

Après la mort d'Aratus, les Achéens prirent les armes contre Philippe, et donnèrent le commandement de l'armée à *Philopémène.* Meilleur général qu'Aratus et comparable aux plus grands hommes de la Grèce, Philopémène devint le héros de la république achéenne ; mais ce fut le dernier. Constamment opposé à l'ambition des Romains, il avait prévu l'asservissement de sa patrie, et périt à l'âge de soixante-dix-huit ans, en combattant encore pour elle.

Exercices sur le 3e siècle.

INVASION DES GAULOIS. — LIGUE DES ACHÉENS.

Que devint la Grèce au troisième siècle ? — Après le partage de l'empire d'Alexandre, par qui fut-elle gouvernée ?

Quel peuple vint attaquer les Grecs ? Quel fut le résultat de l'invasion des Gaulois dans la Grèce ?

En quelle année se forma la ligue des Achéens ? — Quels furent les derniers héros de la Grèce ?

2e SIÈCLE.

INVASION DE LA GRÈCE PAR LES ROMAINS.

(Voyez le tableau, année 146.)

146. — Déjà les Romains avaient fait la conquête de la Macédoine ; ils marchaient à grands pas à celle de la Grèce entière, qu'ils espéraient soumettre, moins par la force des armes que par les artifices d'une politique habile. Soufflant le feu de la discorde, affaiblissant les Grecs par les Grecs, ils offraient leur médiation pour apaiser des troubles qu'ils avaient eux-mêmes suscités ; ils agissaient, en un mot, comme s'ils n'avaient pas eu d'armées. Cette conduite parut aux Achéens une preuve de faiblesse ; ils osèrent mépriser les Romains, insultèrent leurs députés, et prirent enfin les armes contre eux.

Le préteur *Métellus* fit alors avancer ses légions, livra bataille aux Achéens et les défit.

Le consul *Mummius*, pendant ce temps, s'emparait de Corinthe. La destruction de cette place importante fut le dernier coup porté à la liberté de la Grèce, qui dès ce moment fut réduite en PROVINCE ROMAINE, et prit le nom d'ACHAÏE *, titre

* Voyez le tableau comparé de Sparte, Athènes, etc. La dernière ligne du tableau indique l'asservissement de la Grèce par les Romains.

glorieux pour les Achéens, puisqu'elle rappelle que ce peuple courageux défendit le dernier la liberté de la patrie et produisit ses derniers héros.

LA GRÈCE ASSERVIE n'en conserva pas moins sur ses redoutables conquérans une domination à la fois plus glorieuse et plus durable. Centre du monde civilisé, ATHÈNES FUT TOUJOURS LA CAPITALE DES LETTRES, DES SCIENCES ET DES ARTS. On accourait de toutes parts pour puiser dans ses leçons des connaissances variées jointes à un goût pur et délicat ; les vainqueurs, en un mot, devinrent les disciples des vaincus, et l'on vit les *Térence*, les *Cicéron*, les *Virgile*, etc., venir étudier à Athènes les grands modèles, et se distinguer ensuite dans leur patrie par l'éclat des talens et la sublimité des actions. C'est ainsi que la Grèce conserva son influence sur les progrès des lumières qui, après avoir éclairé ces contrées favorisées, devaient se répandre en Europe, en Asie et dans le monde entier.

Exercices sur le 2e siècle.

INVASION DE LA GRÈCE PAR LES ROMAINS.

Les Romains n'avaient-ils pas cherché à diviser les Grecs pour les subjuguer ensuite? — En quelle année la Grèce fut-elle envahie? — Sous quelle domination passa-t-elle alors? — Quel nom fut donné à cette province romaine? — Que devint la ville d'Athènes? conserva-t-elle sa célébrité?

Observation sur l'exercice suivant.

Ce que l'on doit surtout considérer dans l'étude, ce sont *les résultats;* l'élève qui aurait appris un volume entier et ne se rappellerait que les dernières pages, aurait perdu, sans doute, et beaucoup de peine et beaucoup de temps, car il ne suffit pas *d'acquérir,* il faut *conserver :* tel est le but de cette méthode : pour l'atteindre, on ne saurait donc revenir trop souvent sur ce qui a été appris pour s'en pénétrer davantage et s'en souvenir toujours. Par suite de ce principe, on a joint ici un *exercice général* qui sera le *résumé* des exercices précédens. Ce dernier, toutefois, portera principalement sur la chronologie et le classement *par siècle* des hommes et des faits.

Bien que cet exercice général offre une récapitulation de l'histoire grecque, une *seconde récapitulation* se trouvera encore à la fin du volume. Celle-ci, présentée *par époque,* sera *raisonnée,* en quelque sorte; elle fera envisager les causes, les effets et l'issue des principaux événemens, et retracera en quelques pages tout l'*ensemble* de l'histoire. Cette seconde récapitulation jointe à la première, et toutes deux réunies au tableau, laisseront dans la mémoire des souvenirs distincts, exactement classés, et qui dès lors seront ineffaçables; tels sont, après une longue étude, les résultats que l'on doit désirer, tel est également le but que je n'ai cessé d'envisager, et vers lequel ont tendu tous mes efforts.

NOTA. *L'exercice général pourra servir aux examinateurs. Dans ce cas, on ferait suivre immédiatement la récapitulation, page* 221.

EXERCICE GÉNÉRAL

ET PAR SIÈCLES

SUR LE TABLEAU COMPARÉ DES ANCIENS PEUPLES DE LA GRÈCE,

Comprenant sept siècles environ, de 876 à 146 *.

9e SIÈCLE. — Dans quel siècle vivait Lycurgue? — Chez quel peuple?

Dans quel siècle fut fondé le royaume de Macédoine?

En quelle année fut célébrée la première olympiade?

7e SIÈCLE. — Dans quel siècle les Messéniens passèrent-ils en Sicile?

6e SIÈCLE. — Dans quel siècle vécut Solon? — Que fit-il pour les Athéniens? — Comment gouverna Pisistrate?

En quelle année la royauté fut-elle abolie à Athènes? — Quel prince régnait alors?

Que remarque-t-on à Sparte pendant la durée du sixième siècle? — Que remarque-t-on à Thèbes et en Macédoine?

5e SIÈCLE. — Quels sont les grands événemens du cinquième siècle? — En quelle année commença la première

---

* On se rappellera que l'élève doit se préparer à l'exercice général en lisant d'avance les questions qu'il renferme, et en calculant sur le tableau les réponses qu'il devra faire. S'il connaissait parfaitement le tableau, cette préparation ne serait pas nécessaire.

guerre des Perses? — Combien d'années après commença la seconde? — Dans laquelle des deux s'illustra Léonidas? — Et Miltiade? — Et Thémistocle? — Par qui fut gagnée la bataille de Salamine? — Et celle de Platée? — Dans quel siècle?

Dans quel siècle vivait Aristide? — Etait-ce avant ou apres Lycurgue? — A combien de siècles de distance?

Dans quel siècle eut lieu la guerre du Péloponèse? — Qui gouvernait alors Athènes? — En quoi le gouvernement de Périclès fut-il si remarquable? — A quel siècle a-t-il donné son nom?

Dans quel siècle eut lieu le siége de Syracuse? — Qui avait formé cette entreprise? — Quel peuple servit alternativement Alcibiade?

Dans quel siècle eu lieu l'expédition des Grecs en Asie et la *Retraite des dix mille?*

Dans quel siècle vécut Socrate? — Etait-ce avant ou après Solon? — A quelle distance? — Pendant la durée du cinquième siècle remarque-t-on quelques faits importans à Thèbes et dans la Macédoine?

4e SIÈCLE. — Dans quel siècle vécut Agésilas? — Etait ce avant ou après Léonidas? — Qu'étaient-ils l'un et l'autre?

Dans quel siècle fut illustrée la république de Thèbes? — Par qui?

La Macédoine ne se fit-elle pas remarquer vers la même époque? — Dans quel siècle? — Sous quel prince d'abord? — En quelle année Alexandre parvint-il au trône de Macédoine? — De quels royaumes fit-il a conquête? — Quelles grandes batailles gagna-t-il? — Dans quel pays étaient situées Issus et Arbelle? — — En quelle année mourut Alexandre? — Après lui, que devint son empire? — Après quelle bataille et en quelle année fut-il partagé définitivement? — La Grèce en fit-elle partie?

3e SIÈCLE. — Dans quel siècle les Gaulois firent-ils une invasion dans la Grèce? — Quand se forma la ligue des Achéens?

2e SIÈCLE. — Dans quel siècle et en quelle année la Grèce fut-elle envahie par les Romains? — Quel avantage conserva sur ses vainqueurs la Grèce asservie?

NOTA. *On pourra à volonté étendre davantage cet exercice, en interrogeant l'élève sur tous les personnages dont le nom est indiqué au tableau en* lettres capitales. *On demandera, par exemple, à quel siècle appartient Lysandre? — A quel peuple? — Ou bien encore: Alcibiade vivait-il* avant *ou* après *Pisistrate? — A combien de siècles ou d'années de distance, etc.?*

L'élève qui connaîtra bien le tableau devra répondre sans hésiter à ces différentes questions, dont la plupart seraient embarrassantes pour l'enfant instruit par les moyens ordinaires.

Des Arts, de la Littérature et des Sciences de la Grèce.

Les Grecs cultivèrent les lettres et les arts avec une perfection qui les place au premier rang des nations civilisées, et nous devons considérer les grands modèles qu'ils nous ont laissés dans tous les genres comme les monumens d'une gloire impérissable, supérieure en cela à la gloire qu'avaient acquise leurs armes : ce n'est donc point assez de connaître les héros dont la Grèce s'honore : des hommes distingués par leurs talens, par leurs lumières, l'ont illustrée également, et leur influence s'est étendue de leur patrie jusqu'à nous.

La période qui commence à *Solon*, et dont le règne d'*Alexandre* fut le terme, est une des plus remarquables dans l'histoire de l'esprit humain, la plus instructive de toutes : c'est alors que les arts prirent leur essor et tout leur développement. Parmi cette illustration générale, si l'on peut s'exprimer ainsi, nous citerons les hommes et les talens qui brillèrent alors d'un éclat particulier.

DES ARTS CHEZ LES GRECS.

ARCHITECTURE. — Sous *Périclès*, elle parvint en quelque sorte de sa naissance à sa perfection ; les trois ordres d'architecture grecque, le dorique, l'ionique et le corinthien, subsistent comme des règles immuables.

SCULPTURE. — *Phidias* fut le premier qui donna aux statues l'attitude et la grâce de la nature. Parmi les sculpteurs qui se distinguèrent après Phidias, on cite *Miron*, *Lysippe* et *Praxitèle*.

PEINTURE. — Cet art ne fut pas porté chez les Grecs à un si haut degré que la sculpture. Les Grecs n'employaient que quatre couleurs dans leurs tableaux : le blanc, le jaune, le rouge et le noir. Les peintres toutefois jouissaient d'une grande considération. Les plus célèbres furent *Apollodore, Polygnote, Xeuxis, Parhasius, Timante, Apelles* et *Protogène.*

MUSIQUE. — Elle avait pour but, chez les Grecs, d'élever les âmes plutôt que de charmer l'oreille ; elle excitait au courage dans les combats, elle adoucissait des mœurs sauvages, et contribuait ainsi aux progrès de la civilisation. La musique ayant dès lors un but d'utilité publique, on conçoit l'importance qu'y attachaient les Grecs ; elle faisait partie en quelque sorte de leur constitution. À Sparte, toute innovation en musique était sévèrement défendue.

LITTÉRATURE.

POÉSIE. — Déjà cultivé dans l'enfance de la Grèce, cet art sublime prit tout son développement dans la période que nous avons signalée.

POÈTES TRAGIQUES. — *Eschyle,* contemporain de Xerxès, inspirait l'horreur de la tyrannie. — *Sophocle* fut témoin de ses succès et les surpassa. — *Euripide*, rival de Sophocle, rendit la tragédie plus morale et plus touchante.

POÈTES DRAMATIQUES. — *Thespis* fut l'inventeur de l'art dramatique. — *Aristophane*, poète burlesque et satirique, jouait sur la scène les dieux, le gouvernement et Socrate lui-même. — *Ménandre* peignait les mœurs sans blesser les citoyens.

Hésiode, Alcée, Sapho, Pindare, Simonide, Anacréon, Théocrite, etc., s'immortalisèrent dans d'autres genres de poésie.

HISTORIENS. — *Hérodote d'Halycarnasse*, regardé comme le père de l'histoire. — *Thucydide*, le plus parfait des historiens grecs. — *Xénophon*, auteur de la Cyropédie, ou Histoire de l'expédition des dix mille.

Polybe, Denis d'Halycarnasse, Diodore de Sicile.

sont les historiens les plus célèbres qui aient paru ensuite.

Orateurs. — On attribue à *Périclès* l'origine de la véritable éloquence, qui joint la force de la raison à celle du sentiment. — *Démosthène* porta au plus haut degré ce talent admirable.

DES SCIENCES CHEZ LES GRECS.

Philosophie. — La Grèce a donné naissance à un grand nombre de philosophes : on désignait sous ce nom des sages principalement occupés des principes de la politique et des devoirs de la société ; ils furent divisés en plusieurs sectes.

Nous allons indiquer ici les noms des principaux philosophes de la Grèce et l'époque où ils vécurent.

600. — *Thalès de Milet* fut le chef d'une secte appelée l'*ionique;* il s'occupait du cours des astres.

533. — *Pythagore*, chef de la secte *italique*, regardait la sagesse comme la première des sciences.

466. — *Anaxagore*, le maître de Périclès, enseigna que l'arrangement du monde doit être attribué à la puissance d'un esprit infini. Il ne parut qu'un impie aux yeux des Athéniens.

423. — *Socrate* enseigna que la véritable science est de se connaître soi-même.

402. — *Platon* brilla après Socrate. On appelait *académie* la secte de ce philosophe.

394. — *Antisthènes* fonda la secte des *Cyniques*. Un manteau, une besace, un bâton, c'est tout ce qu'il voulait posséder.

376. — *Pyrrhon*, chef des *Pyrrhoniens*, poussait l'extravagance jusqu'à ne reconnaître aucune espèce de vérité.

350. — *Aristote*, l'instituteur d'Alexandre, était le chef de la secte des *Péripatéticiens*.

344. — *Diogène* fut le disciple d'Anthistènes et suivit les mêmes maximes.

341. — *Epicure* plaçait le bonheur dans la volupté. On a lieu de croire qu'il l'entendait des plaisirs qui accompagnent la vertu, mais il est aisé d'abuser de cette doctrine.

309. — *Zénon*, chef des *Stoïciens*, enseigna que la vertu seule rend heureux dans tous les maux.

Astronomie. — Thalès de Milet introduisit dans la Grèce les connaissances astronomiques; mais les progrès de cette science furent peu rapides jusqu'à Aristote, qui donna au moins des idées plus justes sur la forme et la grandeur de la terre.

Géographie. — Elle ne pouvait avancer que lentement, à mesure que l'on découvrait de nouveaux pays; les conquêtes d'Alexandre hâtèrent les progrès de cette science, qui prit plus d'étendue encore sous les successeurs de ce prince.

La Géométrie fut également cultivée par les Grecs; mais en cela comme en tout ce qui concerne les sciences exactes, les anciens sont bien inférieurs aux modernes, qui les ont surpassés par de meilleures méthodes et de grandes découvertes.

RÉCAPITULATION

DES

PRINCIPALES ÉPOQUES DE L'HISTOIRE GRECQUE,

Depuis Lycurgue jusqu'à l'invasion des Romains.

---

876. — LÉGISLATION DE LYCURGUE à Sparte.
Education et gouvernement militaire.

---

594. — LÉGISLATION DE SOLON à Athènes.
Opposée à celle de *Lycurgue*, elle inspire aux Athéniens le goût des lettres et des arts.

---

510. — ABOLITION DU POUVOIR MONARCHIQUE A ATHÈNES. — *Hippias*, s'étant rendu odieux par sa tyrannie, est renversé.

491. — PREMIÈRE GUERRE CONTRE LES PERSES.

SA CAUSE. — L'ambition du roi de Perse (*Darius*).
SON PRÉTEXTE. — Vengeance de ce prince contre les Athéniens qui avaient envoyé des secours aux Ioniens soulevés contre lui.
EVÉNEMENS. — Incendie d'Erétrie. — Bataille de Marathon.
PERSONNAGES CÉLÈBRES *qui ont figuré dans cette guerre.*
GRECS. — *Miltiade*, Athénien, vainqueur à Marathon.
PERSES. — *Darius*, roi de Perse, qui déclara la guerre, mais ne la fit pas en personne. — *Mardonius* commandait l'armée persane.

490. — ISSUE OU RÉSULTAT DE CETTE GUERRE.

Les Grecs victorieux. — Les Perses vaincus et mis en fuite *.

---

480. — DEUXIÈME GUERRE CONTRE LES PERSES.

SA CAUSE. — Le ressentiment et l'ambition de *Xerxès*, fils et succecceur de *Darius*.

EVÉNEMENS. — Combat des Termopyles. — Bataille de Salamine — Prise et incendie d'Athènes. — Bataille de Platée. — Combat de Mycale.

PERSONNAGES. — GRECS. — *Léonidas*, roi de Sparte, mort aux Thermopyles. — *Aristide* et *Thémistocle*, ce dernier vainqueur à Salamine. — *Pausanias*, Spartiate, vainqueur à Platée.

PERSES. — *Xerxès*, roi de Perse. — *Mardonius*, général persan. — *Artémise*, reine d'Halycarnasse.

479. — ISSUE. — Les Perses vaincus de nouveau. La Grèce délivrée pour toujours des armées persanes.

469, etc. — *Cimon*, Athénien, remporte de nombreuses victoires sur les Perses dans l'Asie Mineure, et traite avec eux.

---

* Cette récapitulation pourra, si l'on veut, se faire en forme d'*exercice*. Chaque article serait alors l'objet d'une question adressée par le maître à l'élève ; on demanderait, par exemple : A quelle époque eut lieu la guerre contre les Perses? — Quelle en fut la cause? — Quel en fut le prétexte? — Quels personnages y ont figuré du côté des Grecs ou du côté des Perses? — Quelle fut l'issue de cette guerre? ou bien : *Quand et comment* finit-elle? etc., etc.

431. — Guerre du Péloponèse.

Sa cause. — La jalousie des deux républiques, l'ambition des Athéniens.

Son prétexte. — Le refus des Athéniens de lever le siége de Potidée, colonie de Corinthe.

Evénemens. — L'Attique ravagée. — Combat naval des Arginuses. — Combat naval d'Egos-Potamos.

Personnages. — Athéniens. — *Périclès*, qui forme à lui seul une grande époque par les progrès immenses qu'il fit faire aux arts et à la civilisation des Grecs. On a désigné le siècle où il vécut sous le nom de siècle de Périclès. — Il fut toutefois l'instigateur de la guerre civile du Péloponèse, l'événement le plus funeste de l'histoire grecque. — *Alcibiade* continua la guerre du Péloponèse; il entreprit ensuite la conquête de la Sicile, expédition sans succès. — *Cléon* continua la guerre du Péloponèse. — *Nicias* conclut une trève avec les Spartiates.

Spartiates. — *Callicratidas*, vaincu et tué aux Arginuses. — *Lysandre*, vainqueur à Egos-Potamos. — Il se rendit maître d'Athènes et gouverna despotiquement les deux républiques.

404. — Issue. — Les Athéniens vaincus. — Les Spartiates leur dictent des lois. — La guerre du Péloponèse avait duré 27 ans.

---

404. — Expédition des Grecs en Asie. — Retraite des dix mille, dirigée par *Xénophon*.

404. — Athènes opprimée par trente tyrans, est délivrée par *Thrasybule*.

---

400. — Mort du philosophe Socrate, condamné par les Athéniens.

397. — RÈGNE D'AGÉSILAS LE GRAND, roi de Sparte. Ce prince remporta de nombreuses victoires sur les Perses en Asie. — Le traité d'*Antalcidas*, honteux pour les Grecs, termina cette dernière guerre. — *Agésilas* fut vainqueur des Thébains, à la bataille de Coronée, en Béotie. Il mourut au retour d'une expédition en Egypte.

---

382. — GUERRE DE THÈBES.

SA CAUSE. — Les Spartiates s'étaient emparés par surprise de la citadelle de Thèbes.

EVÉNEMENS. — Bataille de Leuctres et de Mantinée.

PERSONNAGES. — THÉBAINS. — *Pélopidas*, qui délivra sa patrie de la domination de Sparte. — *Epaminondas*, vainqueur à Leuctres et à Mantinée.

SPARTIATES. — *Cléombrote*, roi de Sparte, tué à Leuctres.

363. — ISSUE. — Les Grecs, fatigués de la guerre, reconnaissent les avantages de la concorde, et se réunissent pour que chaque ville conserve sa liberté. — Thèbes retombe dans l'obscurité.

---

347. — GUERRE SACRÉE.

SA CAUSE. — Les Phocéens, voisins du temple de Delphes, avaient labouré quelques terres consacrées à Apollon. Les Grecs avaient pris les armes pour venger le Dieu.

EVÉNEMENS. — Combats multipliés entre les différens peuples de la Grèce. — *Philippe*, roi de Macédoine, rétablit la paix. — La guerre se rallume en 338. — BATAILLE DE CHÉRONÉE, gagnée par *Philippe* sur les Athéniens et les Thébains réunis.

PERSONNAGES. — ALLIÉS DES GRECS. — *Philippe*, roi de Macédoine.

ATHÉNIENS. — *Phocion*, philosophe et général. — *Démosthène*, célèbre orateur, ennemi de *Philippe*.

338. — ISSUE. — *Philippe*, aussi habile politique qu'illustre guerrier, traite avec les Athéniens et les Thébains et domine bientôt sur la Grèce entière.

RÈGNE D'ALEXANDRE LE GRAND,

DIVISÉ EN DEUX ÉPOQUES.

PREMIÈRE ÉPOQUE.

336. — Avénement au trône de Macédoine.

ÉVÉNEMENS. — Victoires remportées sur les Thraces, Illyriens, Péoniens, etc. — Thèbes prise et saccagée. — Conquêtes de l'Asie Mineure. — BATAILLE D'ISSUS, gagnée sur *Darius*, roi de Perse. — Conquête de l'Egypte. — Visite au temple de Jupiter Ammon. — BATAILLE D'ARBELLES. — *Darius*, roi de Perse, est vaincu ; la monarchie persane est détruite.

SUITE DU RÈGNE D'ALEXANDRE.

DEUXIÈME ÉPOQUE.

330. — *Alexandre*, sur le trône de Babylone, perd avec sa sagesse et sa modération une partie de sa gloire.

ÉVÉNEMENS. — Victoires sanglantes dans la Bactriane

et la Sogdiane. — Meurtre de Clitus et de Parménion. — Expédition dans l'Inde. — Soumission de *Taxile*, défaite de *Porus*; *Alexandre* s'empare de leurs royaumes. — La *Grèce*, la *Macédoine*, la *Perse*, l'*Inde* et l'*Egypte* composent alors le vaste empire d'*Alexandre*.

323 — *Alexandre* meurt à Babylone après un règne glorieux de 13 ans.

---

301. — Bataille d'Ipsus entre les SUCCESSEURS D'ALEXANDRE, qui, après s'être disputé le trône pendant plus de 20 ans, PARTAGENT L'EMPIRE en quatre royaumes : Egypte. — Syrie. — Thrace. — Grèce et Macédoine.

278. — INVASION DE LA GRÈCE PAR LES GAULOIS. Ils sont vaincus et mis en fuite.

---

224. — LIGUE DES ACHÉENS. — *Aratus*, chef de cette ligue, devient le libérateur des Achéens, et le fondateur de leur république. — *Philopémène* le remplace dans le commandement des troupes. — *Aratus* et *Philopémène* sont les derniers héros de la Grèce.

---

146 — LES ROMAINS ENVAHISSENT LA GRÈCE, qui devient province romaine sous le nom d'*Achaïe*. — Asservie par les armes, la Grèce conserve sur ses vainqueurs la supériorité des talens et des lumières.

FIN.

TABLE.

HISTOIRE ANCIENNE.

HISTOIRE GRECQUE.

TABLE.

HISTOIRE ANCIENNE.

Pages.

HISTOIRE GRECQUE.

FIN DE LA TABLE.

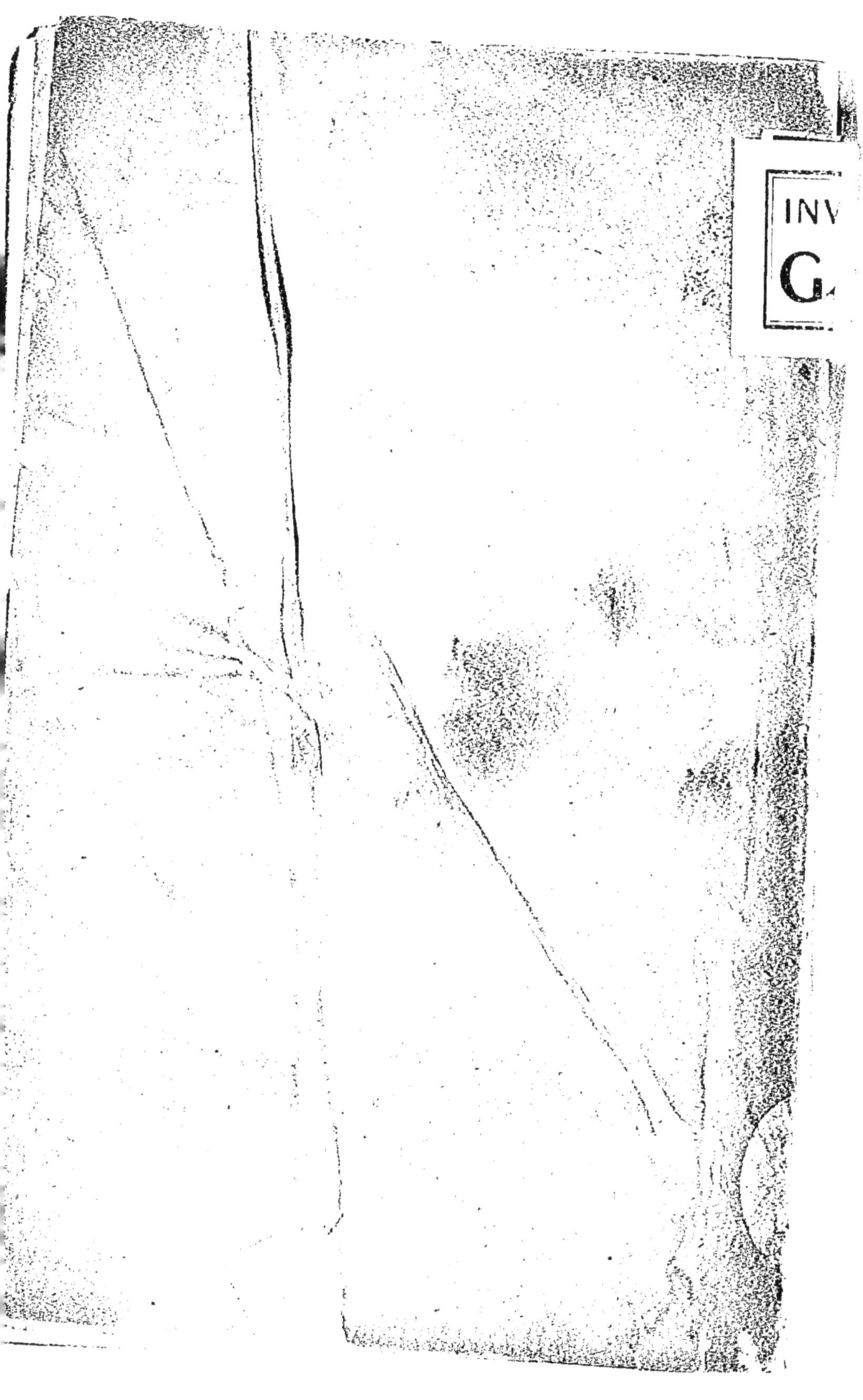

www.ingramcontent.com/pod-product-compliance
Lightning Source LLC
LaVergne TN
LVHW020558230826
846091LV00002B/519

* 9 7 8 2 0 1 2 9 3 5 6 7 9 *